病院が地域をデザインする

医療法人弘仁会 理事長
板倉病院 院長
梶原崇弘
TAKAHIRO KAJIWARA

CROSSMEDIA PUBLISHING

はじめに

病院で「お酒の飲み方教室」を実施する。

このような取り組みをすると、「なぜ病院がそんなことをするのか」「集患のために奇抜な取り組みをしているの？」といった質問をされることがあります。

「超高齢化社会」「労働人口の減少」皆さんも耳にすると思いますが、これはすぐそばに迫っている未来です。

その時、今の医療体制ははたして維持できるのでしょうか？　医療者も一般市民も難しそうだなと思っているけど、直視していないのではないでしょうか？

厚生労働省はすでに危機を見越して「地域包括ケアシステム」推進の形で警告しています。

近い未来に住民を守るために、そして職員を守るために、私たちはちょっと変わった「地域デザイン」を始めました。

地域性の差はあるかもしれませんが、本質の部分では共通する点もあると思います。本書が皆さんの心を動かし、そのさざ波がバタフライエフェクトとなり、病院を起点として地域の方の幸せにつながれば幸いです。


私が院長を務める病院の紹介をさせてください。

板倉病院は創設85年を迎えた、千葉県船橋市で最も古い病院です。

１９４０年に母方の祖父、板倉岩雄が船橋外科病院として開設し、創業家としては私が3代目となります。

私自身は大学を卒業後、母校の日本大学附属板橋病院、国立がん研究センター中央病院など、主に消化器・肝胆膵外科でがんのスペシャリストとして勤務してきました。39歳の時に板倉病院の院長となってからは路線を変更し、地域医療を中心に12年が経過しました。

創設から85年の間、板倉病院は地域に密着して地域医療の一員として役割を果たしてきました。その１つが、かかりつけ医をサポートする役割です。

地域医療では健康管理・治療だけでなく、福祉・介護までその人の人生を総合的にコーディネートできる医師が求められています。地域連携が必要となってくるので、医師1人では実現できません。かかりつけ医を最前線として、その後ろをサポートする地域密着病院をつくっていくのが私たちの役目です。

私は、クリニックや診療所に所属する「かかりつけ医」がまず患者さんを診て、その先に病院（地域の中核病院）があり、さらにその先に高次医療を行う大病院や大学病院がある状態が、これからの医療のスタンダードになると考えています。その中でクリニックと診療所、病院が役割分担し、地域の住民を健康な時から最期の瞬間までサポートしていきます。

「ほぼ在宅、ときどき入院」の形で晩年を過ごし、病院で亡くなりたい人は病院で、自宅がいい人は自宅で迎えるなど、その時間をその人らしく過ごしていくような形です。

これを実現しようとするには、健康な時から患者さんとつながり、その人となりを把握することや、ACP（アドバンスドケアプランニング）を促すことも必要です。さらに、医療のみならず、介護・福祉との連携も必要です。

医療であれ、介護であれ、福祉であれ、必要な時に必要なサービスが受けられ、さらにその人の人生を輝かせてこそ、我々の目標が達成できます。

こうした医療・介護・福祉が連動して患者さんをサポートする包括的なケアには、地域のつながりが前提となりますが、それを都市部に求めると多くの課題があります。

包括的なケアを実現するためには、その土壌としての地域のつながりが不可欠です。この網羅的なデザインが描けていないまま、包括的ケアの必要性だけが先走っても仕組みがあるだけで機能不全になってしまいます。

地域の人々がお互いにつながるネットワークを構築するのは簡単ではありません。行政が介入するのも実現可能性がありそうですが、仕組みはできても使命感や熱意の点で不安な要素があります。むしろ、その役割は病院が担ったほうがいいのではないかというのが私の考えです。病院は非営利団体なので、健康維持という視点で地域との親和性が高いと思います。そのため地域の方と連携しやすく、安心安全を守るインフラとしての病院をデザインできるのです。

これまでの病院は、病気になったり、心身の傷を負ったりした人がやってきて、医師が診察をして診断をして処置をする場所でした。基本的には傷病者でない限り、行く必要もなければ、なるべく行きたくない場所でした。そうではなく、病院を「みんなが集まって、緩やかにつながれる場所」にできるよう、私たちはチャレンジを続けています。

日本の平均寿命は男性81・4年、女性の平均寿命は87・6年（いずれも2021年、総務省）で世界一の国です。また、健康寿命も男性72・7歳、女性75・4歳（いずれも2019年、総務省）で世界一です。

ただ、寿命が長いだけに平均寿命と健康寿命には男性9年、女性12年とおよそ10年程度のギャップがあります。この長さもまた世界一なのです。

この数字は、何らかの人の手を借りながら10年もの期間を過ごすことを意味します。医療介護職の人材不足のなかで、その人らしい最期を迎えるためには、健康寿命を延ばして、「ピンピンコロリ」を目標にしつつ、いよいよとなってもその人の希望をかなえられるような連携を構築しておくことが必須課題ということです。

病院を病気やケガをしてから来る場所ではなく、その前から折に触れて訪れる、地域コミュニティの場にすれば、高齢者の孤立予防や健康寿命の延伸、ＡＣＰの推進、看取りを含めた医療体制の支援など、医療だけでなく介護や福祉と連動して地域を健康にできるでしょう。

板倉病院では、こうした存在になることを目指し、「病院が地域をデザインする」と標榜して、様々な取り組みをしてきました。そうした活動を見聞きし、医療関係者から「どうやって考えているのか」「どんなことをしているのか」を何度も問われたので、この度、書籍にまとめることにしました。

前半は総論になっているので、日本の現状や医療の変化についてすでにご存じの方は第3章よりお読みいただいても構いません。

本書を通して、私たちが実施している施策の紹介から、今の時代に求められている病院や医療、地域のあるべき姿を考えていきたいと思います。

医療法人弘仁会理事長　板倉病院院長　梶原 崇弘

病院が地域をデザインする　目次

第2章 「地域包括ケアシステム」を考える

第3章 「都市型地域密着病院」のデザイン思考――板倉病院がやっていること

第4章 弘仁会のめざす未来

第1章

「日本の将来・医療の変化」を知る

疾病構造の変化が、病院の役割を変える

戦後75年が経過し、以前と比べて医療を取り巻く状況は大きく変化しました。戦争の直後は栄養不足やそれに伴う免疫力低下が最大の課題であり、高度成長期には急成長の弊害として事故やケガなどが問題となりました。つまり、戦後から平成までの医療は感染症やケガとの闘いでした。

現在では疾病の原因は大きく変化し（もちろん新型コロナウイルスのような感染症もありますが）、脳血管疾患や糖尿病、がんなどの生活習慣病（平成8年に成人病から生活習慣病に改名）や寿命延伸にともなう認知症が医療の取り組む課題の中心になりました。

また、以前は患者とそうでない人の区分がはっきりしていたのも特徴でした。

病院に期待される役割も「疾病やケガを治す場所」であり、患った者（患者）が治すために訪れて、治ったら患者ではなくなります。なぜなら、ケガや感染症は完治したかどうかの境界がはっきりしているからです。

ところが、近年の長寿化や生活習慣病が主になると、その境界は曖昧になりました。高血圧や糖尿病など、入院の必要がなく、内服を続けながら病気とともに生活している（患って生活している）という人が増えてきています。在宅や施設では疾病を有していても患者とは呼ばず、利用者などと表現します。

こう考えると、「患者」という表現は現代にマッチしていないかもしれません。

このように、**病気は「治るもの」から「付き合うもの」に変わってきたのです。**

病院は入院して治療するだけでなく、入院当初から退院後の生活まで想像して治療を行い、外来やクリニックとの連携、ひいては介護、福祉の分野までも包括的に視野に入れたコーディネートが求められる場所になってきているのです。

有名な病院や高次医療機関に所属すると、自分たちを特別だと勘違いする医療者や患者がいます。しかし、患者を中心として多職種協働で支える地域包括ケアの実現のためには、医療・介護・福祉が上下なく対等に敬意を払い合えることが重要です。

人口ボーナス期から人口オーナス期へ

今後、医療現場の未来を見通すには、人口動態を分析することが欠かせません。

人口ピラミッドで見ると、1970年代ぐらいまでは若年層が多く、高齢層が少ない、いわゆる「釣り鐘型」でした。生産年齢人口が多い割に高齢者が少なかったので、社会保障制度の財政には余裕がありました。

ところが、80年代になって出生数が減っていくと、相対的に高齢者率が高くなっていきました。ここに長寿化の要素も加わり、生産年齢人口が減っていくのに高齢者は増えていくという、世界のどの国もまだ経験したことのない状況が進んでいきました。

生産年齢人口のピークは1995年の8716万人で、以降は減り続けて2022年には７４９６万人と１３００万人も減っています。この生産年齢人口比率が高い時期を人口ボーナス期といい、逆に生産年齢人口の低い時期を人口オーナス期といいます。

人口ボーナス期では、生産者が多いので社会は豊かになります。

例えば、かつては年金制度が「お神輿《みこし》型」で、１人の高齢者をたくさんの現役世代で支えることができました。

しかし、人口オーナス期の今は「騎馬戦型」といい、３人の現役世代で１人の高齢者を支えているような状況です。また、将来的には「肩車型」になり、現役世代１人が１人の高齢者を支える時代が来るとされています。

医療や介護の保険制度も同じように、支え合いの仕組みがあるので、少ない人数で高齢者を支える時代になりました。

この「支える」は経済的な保険制度の仕組みとして、という課題ですが、働き手の視点でも課題と言えます。

第８次医療計画では２０２５年で９４０万人（労働人口の14～15％）、２０４０年には１０７０万人（18～20％）が医療介護福祉の分野に必要であるといわれています。

ところが、ただでさえ、「キツイ、汚い」と言われている医療介護福祉の分野です。介護の現場ではこれに「給料安い」を加えて3Kと言われたりします。

公定価格で値段を決められているなかで、他業種のように高い給与を出すことは困難です。このように生産年齢人口が少なくなる中で、人手を確保するのは相当に困難な道のりです。

そんな中で増える高齢者に、「その人らしい最期」を迎えてもらうには、病院としても並大抵のことでは実現ができないのです。

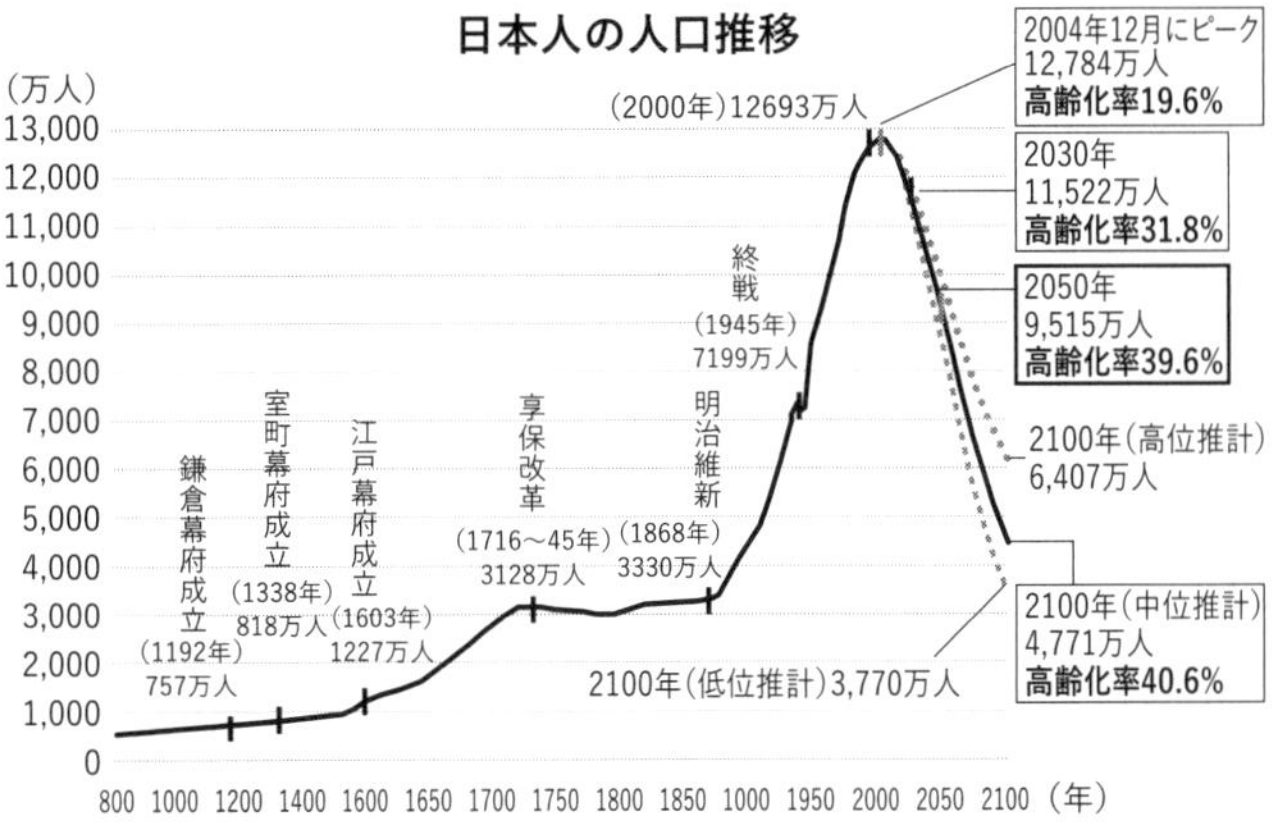

（出典）総務省「国勢調査報告」、同「人口推計年報」、同「平成 12 年及び 17 年国勢調査結果による補間推計人口」、国立社会保障・人口問題研究所「日本の将来推計人口（平成 18 年 12 月推計）」、国土庁「日本列島における人口分布の長期時系列分析」（1974 年）をもとに、国土交通省国土計画局作成

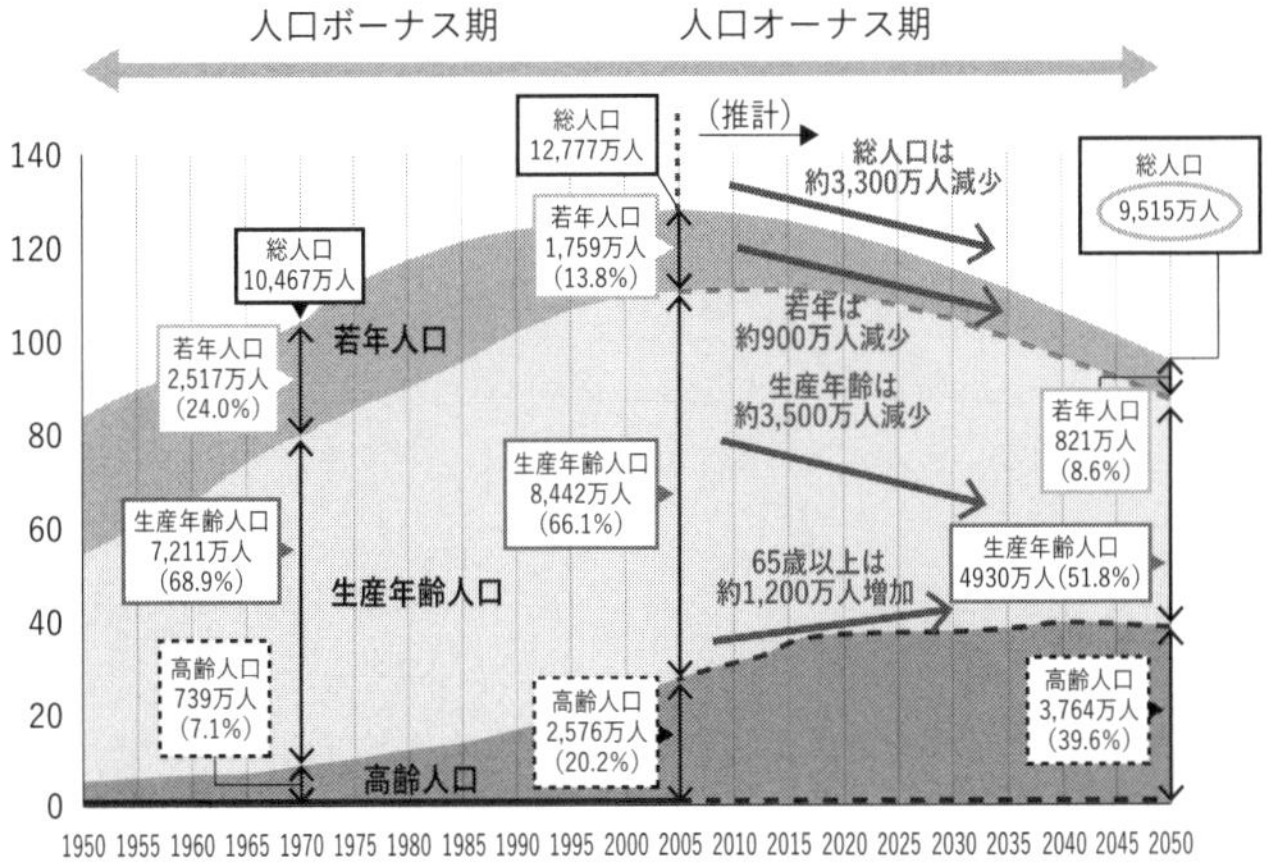

（出典）総務省「国勢調査報告」、同「人口推計年報」、国立社会保障・人口問題研究所「日本の将来推計人口（平成 18 年 12 月推計）」における出生中位（死亡中位）推計をもとに、国土交通省国土計画局作成
（注 1）「生産年齢人口」は 15～64 歳の者の人口、「高齢人口」は 65 歳以上の者の人口
（注 2）（　）内は若年人口、生産年齢人口、高齢人口がそれぞれ総人口のうち占める割合

価値観、死生観の変化

高齢者の価値観や死生観に変化が起きている中で、医療はその変化を捉えて柔軟に変わり続けていく必要があります。

例えば90歳以上で、戦争を経験しながらも戦地から生きて帰ってきたような人たちには、亡くなった戦友の分まで生きようという思いから、1分1秒でも長生きしたいと考えるケースが多いのが特徴です。

しかし、その下の世代の死生観は少し違っています。

何が何でも長生きしたいというよりは、「生きている間の生活の質を重視したい」「自分らしく生きたい」「無理な延命治療をしたり、苦しんで逝くよりは安寧な最期の時を過ごしたい」と思っている人が増えてきていると感じます。

すでに団塊の世代はそうなってきていると思いますし、60代より下の世代になると、より顕著にその傾向が見て取れます。

こうした変化を受け、私は外来診療では「口から食べられなくなったらどうしますか？」「どうしたいか家族と話しておいてくださいね」などと、患者との会話の中にそうした話を絡めて、その人がどんな死生観を持っているかを掴むようにしています。

そうしておくと、いざ最期が近づいてきた時にサポートはどうあるべきかの答えが出しやすくなるのです。

苦痛がないことを前提として、延命処置は必要はないかもしれませんし、何よりも平穏な死を迎えられる体制づくりをするために、病院も患者が健康な時から意図を汲み取れるように変化しなければなりません。

医療サービスの偏在化

日本には20床以上の病院は全国に約8200か所あると言われています。これだけの数の病院が存続しているのは、戦後に人口が回復していく中で病院が必要とされ、様々な母体から設立されたからでした。しかし、日本全体をマクロの視点で見ると、この数は多すぎるのが現状です。

そこで厚生労働省は、病院の数を2000ほど減らし、6000か所ぐらいにしたいと考えています。子どもが減ったら学校が廃校になるのと同じように、人口が減ったら病院も減らそうという発想です。

「病院が多すぎる」と聞いても、なかなかピンと来ないかもしれません。

実際にミクロの視点で見ると、住民は多いのに病院や医師が足りない地域はたくさんあり、反対に、住民が少ないのに病院が溢れている地域もあります。

つまり、**問題の核心は病院の数ではなく、医療サービスの規模、質、機能が無秩序に偏在していることなのです。**

少し過激な話であることを承知で話をさせてください。

江戸時代の東京では、人口が増えた頃には江戸を中心として放射線状に都市が拡大していったはずです。

その時には中心部が飽和状態になると外側へ拡大していくので、ほぼ同じ人口密度で街が形成されていきました（日本全体も同様に居住地が広がりました）。

しかし、人が減少していく局面では、外側から街がなくなっていくわけではなく、街はそのままで虫食い状に人が減り、人口密度は低くなっていきます。この時には様々な社会インフラの担い手の減少が起こり、都市は機能不全に陥ります。

人口が少なくなっていく段階で、現状の社会インフラを維持しようとするのであれば、「縮充する日本」を目指さなければなりません。つまり、一定の密度を維持する「コンパクトシティ」のような設計思想が必要になってきます。コンパクトシティとは、街の中心部に人口を集約させ、電気・水道・医療などの社会インフラを効率的に運用しようとする概念で設計された都市のことです。

これから人口が確実に減るとわかっているのであれば、人と社会インフラを集約し、リソースを合理的に投じなければ、憲法に保障されている「健康で文化的な最低限度の生活」が維持できなくなります。

これと同じことが医療にも起こっています。

もちろん、人里離れた場所で自給自足のような生活をしたい人もいると思いますが、その場合は高度な医療にはアクセスしにくいことを認識しておかなければなりません。

高速道路で「この先にはガソリンスタンドがありません」という標識があれば、その先でガス欠になるのは自己責任と同様に、**医療がどこでも同様に担保されないということを受け入れなければならない時代が来ると思います。**

こうした医療サービスが偏在する背景には、日本における医療の自由開業が担保されている点があります。

基本的に日本では、どんな診療科でも掲げて開業することができます。一方、ドイツやイギリスでは規制があり、どこにでも開業できるわけではありません。フランスも日本と同じように自由開業ですが、診療科は自由に設定できません。

各国がこうした措置をとっているのも、限られたリソースを適切に配分するための措置なのです。

医療側にとっては、日本はどこにでも開業できる自由さはありますが、地方より都会で働きたい医師が多くなれば、当然ですが医療サービスの偏在が起こります。そのため、日本もいずれ諸外国のような規制を設ける必要があるのではないでしょうか。

自由開業制の廃止は難しいと思いますが、保険診療の保険医枠を適正配置し、既得権を保証しつつ将来に備えることはできるかもしれません。

限られた医療リソースを適切に分配する

こうした医療サービスが偏在化する問題を踏まえると、人的資本や物的資源など、限られたリソースをいかに有効に機能させるかが大事になります。そこで浮かび上がるのが、医療へのフリーアクセスをどうするかという問題です。

日本の医療制度は、患者は健康保険証さえ持っていれば、どこの医療機関でも受診ができ、基本的にどんなに軽い症状でも大病院で診察を受けられます。

２０１５年5月には医療保険制度改革関連法が成立し、紹介状なしで大病院を受診する場合、特別の料金を徴収する制度が導入されました。今では紹介状なく、いきなり大病院を受診すると５０００円以上の自己負担がかかるようになっています。これは前述した諸外国の制度に近づけるための取り組みと言えます。

諸外国では法律によって、風邪の患者は大病院での受診ができなくなっています。これは急性期の患者や専門的な治療を必要とする患者を優先し、大病院が医療逼迫しないための制度です。

イギリスでは一旦プライマリーケア（かかりつけ医）にかからなければ高次医療にはアクセスできません。脳梗塞でＭＲＩを撮りたくても、まずクリニックでかかりつけ医に診てもらい、その医師が病院の予約を取るわけですが、よほど緊急でなければ撮影が３か月後になるケースはザラにあります。

こうした取り組みに問題点が多いことも承知していますが、〝医療サービスの交通整理〟がなされている分、大病院・中小病院・かかりつけ医それぞれの役割分担がなされています。高次医療の現場が症状の軽い患者の対応で逼迫することはなく、傷病の程度によって適切な施設での処置ができるようになっています。

これは限られた医療サービスのリソースでやりくりが必要な日本においても、必須の考え方だと思います。

「よい看取り」を目指して

これからの病院に求められるのは、私は「よい看取り」をいかに実現していくかの視点だと考えています。

ここで私が言う「よい看取り」とは、その人自身が希望する場所で最期を迎えられることです。 自宅がいい人は自宅で、病院がいい人は病院で、最期までその人らしく生きられることに価値があります。

これを成立させるには、病院単体では不可能なことです。病院とクリニック・診療所、在宅医、介護・福祉がネットワークを形成し、地域全体で住民をケアできる体制を構築していかなければなりません。

病院完結型から、医療・介護・福祉が連携した地域完結型へ。 これが厚生労働省の進める「地域包括ケアシステム」のポイントです。

地域ごとに特性があるので、私たちが考える「病院が中心の地域デザイン」がすべてに当てはまるとは思いませんし、病院が担う必要はないのかもしれません。都市型・中間型・過疎地型といった地域特性に合わせて、地域包括モデルを立てることも必要だと思います。

都市部では「隣の住民の顔を知らない」「子どもに声をかけると不審者扱いされる」など、人口に比して人とのつながりが疎遠という特徴があります。

この環境で見守り、支え合う地域包括ケアを実現させるのは難しくなります。コミュニティ外の孤独な高齢者なども支えなくてはいけません。

ならば、病院を起点に、そこに集まる人たちと横のつながりを作ろうと考えました。

皆さんの地域でそれぞれの地域特性を把握しつつ、本書が何かヒントになれば幸いです。

私たちが地域包括ケアに取り組む中で見えてきたことを、第２章でお伝えしていきます。

コラム①　薬が手に入らなくなる将来

日本では「日本薬局方」で承認をされないと、薬剤を販売することが実質できません。明治19年に公布されて以降、申請は日本語で提出する必要があります。また、薬剤の移動にも制限が多い状態です。バイオ医薬品は9割近くが海外で生産されています。

日本の円安、人口オーナス期によるGDP低下、海外での薬剤需要の上昇がある中で、外資製薬会社が手間をかけてまで日本市場に参入するメリットが限定され、新しい医薬品が日本で利用できない可能性が高まります。

すでに、海外で発売される新薬の2割程度が日本での販売を検討されなくなり、1型糖尿病のインスリンなども将来、日本に入ってこない可能性が指摘されています。社会のセーフティネットが構築できたり、診断力が向上したりしても、薬がなければ治療はできません。

薬局方や医薬品の承認プロセスにおいて、より柔軟性や効率性を求める声が高まり、国内で早期かつ適切な医薬品が利用できるような環境整備が必要ではないでしょうか。

コラム②　成功した社会主義からの転換を

ベトナム政府の人と話していた時、日本は成功した社会主義国であり、ベトナムはそこを目指していると言われてびっくりしたことがあります。

確かに、戦後日本は資本主義国として、復興を遂げてきましたが、国民皆保険制度や高い相続税など、社会主義的な要素も多く取り入れています。

国民皆保険は、普遍性、共同負担、包括性、公平性の視点で社会保障を広く提供し、住民が健康な生活を送るための医療サービスが広く提供され、医療にアクセスしやすい環境が整っています。相続税は富の再分配を促進します。

これらの政策は社会的な公平や経済的な平等の追求を反映しており、日本の基盤を作っています。さらに、生活保護制度では健康で文化的な最低限度の生活が保障されています し、65歳以上の無年金高齢者を受け入れる施設などもあります。

しかし、人口オーナス期に入ったことにより、過去の体制継続は難しいのではないでしょうか。

持続可能な社会制度への移行に向けて、生活保護受給者には北欧のような就業支援を行って自立を促したり、現金給付の制限をして安易に生活保護にならないようにしたりする必要があると思います。

今後、施設では入所者と介護者の年齢逆転が多くなるかもしれません。

その結果として、早く国の補助を受けた方が楽で、その方の面倒を見るために働くという構図が発生しつつあります。平等という名の不平等が起き始めているのです。

なかなかセンシティブな問題だと思いますが、国民の意識改革が必要な局面に来ているのかもしれません。

第2章

「地域包括ケアシステム」を考える

「病院完結」から「地域完結」へ

厚生労働省は2003年から「地域包括ケアシステム」を提唱してきました。2025（令和7）年を目途に地域の包括的な支援・サービス提供体制（地域包括ケアシステム）の構築を推進するとしています。

地域包括ケアシステムとは、次のように定義されています。

「高齢者の尊厳の保持と自立生活の支援の目的のもとで、可能な限り住み慣れた地域で、自分らしい暮らしを人生の最期まで続けることができるよう、医療・介護・福祉が連携するネットワークを構築すること」

制度開始から20年余りが経過する中で、社会のあり方も変わってきました。死生観の変化や在宅医療の普及などもあり、昨今は自宅で最期を迎えることを希望する人も増加しています。

医療資源に限界がある中で、ボリュームゾーンである団塊世代の方たちに「安心・安全な医療を提供すること」「穏やかな看取りを実現すること」が重要となっています。

そのためには、医療だけでなく、介護や福祉が一体となって地域にいる人を包括的に支える必要があります。

今では医療関係者だけでなく、行政・地域住民の中にも「医療・介護・福祉が一体となって包括的に支えていく」という概念が浸透してきていると実感しています。皆さんの地域では「包括ケアシステム」の準備はどうでしょうか?

「地域包括ケアシステム」はその人らしい看取りを実現するという〝理想の目標〟ではなく、このシステムを構築しなければ安心・安全な看取りが達成できないという〝喫緊の課題〟でもあります。

地域密着中小病院・在宅療養支援病院

地域包括ケアの実現には、市町村や都道府県が地域の特性に応じて体制をつくり上げていくことが必要です。

医療と介護、それぞれの視点で相談できる窓口が必要になります。

介護の視点では、「地域包括支援センター」が中核的な役割を果たします。高齢者の総合相談、権利擁護や地域の支援体制づくり、介護予防の援助などを行います。

これは人口2、3万人ごとに配置されています。地域包括支援センターでは主にケアマネジャーが業務を行っています。しかし、医療との接続に課題がありました。

そのため、医療の視点で「かかりつけ医」機能が注目されています。前章でも述べましたが、フリーアクセスで受診できる日本の体制で、将来の医療逼迫を回避するためには、かかりつけ医による健康維持とスクリーニングが必須です。

しかし、一言で「かかりつけ医」といっても、医療の高度化・専門化により網羅的に診療のできる「総合医」は不足しています。そのため、健診や医療のファーストタッチをアクセスのしやすいクリニックで行い、追加の検査や専門外の診察が必要な時に受診する役割を果たすのが、地域密着中小病院となります。

また、在宅療養が普及していく上では、状態増悪時などの入院体制があることも重要になります。その際に機能を果たすのが在宅療養支援病院となります。

クリニックからの受け入れを行いつつ、高次医療機関への紹介をする、地域医療の交通整理の役割が求められます。「在宅医療において積極的な役割を担う医療機関」が認定されるようになり、これは人口10－15万人ごとに求められています。

ほかにも地域に根差し、ケアマネジャーなどと連携して医療と介護を包括的に支える使命もあります。医療の視点で、地域包括ケアシステムの中心的役割を担うのが、

地域密着中小病院＝在宅療養支援病院

なのです。

都市部と地方で見ている景色の違い

「地域包括ケアシステム」の課題として、地域性が挙げられます。

本来は都市部、中間部、過疎部と3階層で検討するのが妥当だと思いますが、ここではイメージがしやすいように、「都市部＝人口密集地」「地方＝高齢化率が高く人口減少地」とさせてください。当院のある船橋市や、大都市部の周辺の中核都市、県庁所在地の中心部などが都市部のイメージです。

都道府県の中でも地域性があると思うので、柔軟にとらえていただけたらと思います（地方と言われたと気分を害さないでくださいね）。

厚生労働省の描く「地域包括ケアシステム」のシェーマ計画は日本全国均一の制度

設計となっています。これは診療報酬改定なども同様ですが、地域性を反映した制度設計にはなっていません。

都市部と地方では地域背景に大きな差異があるので、その目標を咀嚼し、自分事として再設計せずに実行すると、自地域の像に合わないピンボケな計画になってしまい「制度はあるけど、いまひとつ」となってしまう可能性があります。

また、1986年の第1次医療法改正の時に設定された2次医療圏単位での議論がされていることも、ゆがみを生じさせている原因だと思います。人口動態や交通網の整備などにより、2次医療圏の見直しが必要な時期に来ているのかもしれません。

まずは都市部の特徴を見ていきましょう。都市部に住んでいる方なら実感されるかもしれませんが、地域コミュニティが脆弱です。

隣人の顔がわからないとか、挨拶はするけれど仕事や家族構成、ましてや人柄などはわからないということは珍しくありません。

高齢者独居や老々家族、貧困の子どもなどを地域から孤立させず、必要な支援につなげるためには、この無関心を無視することはできません。

都市部の課題は、医療・介護・福祉のインフラ整備だけでなく、それ以前の地域で見守り合う文化やコミュニティの醸成にあるのではないでしょうか。

地方はどうでしょうか。テレビ番組などの地方ロケを見ると、コミュニティが存続していて、人とのつながりが残っているように思います。

また、人の距離感の近い、古き良き日本のイメージではないでしょうか。農漁村部ではまだまだ強固なコミュニティが維持されている地域も多く見られます。

お互いの人柄や変化を理解しやすいことを反映して、地方ではゴミ屋敷問題が起こりづらいと言われています。認知症などの変化に早期に気づけるメリットにもつながっていると思われます。

地方での課題は、人とのつながりよりも医療・介護・福祉インフラの充実や人材確保が課題となるでしょう。

少し話は違いますが、費用と人材確保の点でも都市部と地方では違いがあります。

医療・介護は日本一律公定価格です（多少係数がありますが）。人件費や地価などの差は考慮されていません。都市部では必然的に固定費が多くなってしまいます。

また、人材確保の点でも特徴があります。若者が都市部に流出すると言われます。

では、都市部の病院やクリニックは若者確保が順調でしょうか？

残念なことに、都市部にはもっと給与のいいキラキラした仕事が溢れています。そのため都市部での医療・介護の人材確保は非常に困難です。

むしろ地方の方が、残った若者の就業先として医療・介護は選択肢に上がりやすいように思えます。

評論家ではなく、汗をかこう

地域包括ケアシステムのみならず、制度が施行されるためには事業へのコンセンサスが必要です。

多くの場合、「過去の価値観」「前例」をもとにコンセンサスが得られることが多く、特に行政においては「未来推計」「理想」という仮説のもとでコンセンサスを得るのが困難です。また、一度決定した事業の軌道修正は非常に困難です。

地域包括ケアシステムが求められて20余年が経過しました。「国→県→市」とシステムの構築をするようにと指示がおりて体制整備がされています。担当者も様々変わる中で「なぜやらなければいけないのか」がどれほど伝達されているでしょうか？　さらに、20年の間に価値観や地域インフラも変化してきました。

「変化する環境の中で、住民の安心・安全のために何ができるか」

を私たちは常に考え、柔軟に変化していかなければいけません。受け身で施策を批判するのではなく、行政と連携しながら「未来推計」のコンセンサスを繰り返し提案していくことが重要です。

自分の地域を幸せにしようと思ったら、人任せにしてはいけません。泥臭く繰り返し提案し、仲間を増やしていく必要があるのです。

システムには熱量が必要

「病院が自ら地域包括ケアのネットワークづくりに取り組む」と聞くと、大変そうだと思うかもしれません。

ただ、私たちも常に試行錯誤していて、まだまだ多くの改善点もあると思っています。

また、我々のアプローチが皆さんに当てはまらないこともあると思います。


地域包括ケアのシステムがうまく構築できるか否かで重要なことは、**リーダーシップを取れる旗振り役の存在と覚悟**です。

地域全体を俯瞰して、将来に向けてコミュニティを作るという取り組みは、ビジョンを共有いただくのも大変ですし、お金にもなりません。自分も最初はそのような大層な理想ではなく、自法人の将来設計が始まりでした。

「すべてを自分たちで賄うのは困難である、しかし、受け皿を作らなければ住民の幸せは達成できない」

こうした現実を見つめたときに、地域計画を思いつき、その仮説を証明するために楽しく取り組んでいたら、たまたま地域包括ケアシステムと一致してきたというのが正直なところです。

クリニックの院長先生は素晴らしいキャリアと、開業する覚悟を持った優秀な先生が多いです。そして、一国一城の主でもあります。多忙な業務をこなしながら群雄割拠の戦国大名のように、地域内で切磋琢磨しています。患者さんを思う熱い気持ちや使命感を持っているので、理解と共感をいただけると強い味方になってくれます。

そのために必要なのは、**自分が熱狂していること**だと思います。地域コミュニティが進まないという相談を受けた際に感じることとして、その方の熱量があります。本人が熱狂していないことで他人の心は動かせません。

ここに行政が主導する地域包括ケアシステム構築の課題があると考えています。

先に述べたように、厚生労働省が地域包括ケアシステム構築の指示を県に出します。県は担当課へ割り振り、今度はその指示が市町村レベルに降りてきます。その間の伝言ゲームの中で、「なぜこれをやらなければならないか」の熱量が失われていきます。「何万人単位で1か所」「システムがあること」を期限内に構築することが優先されてしまい、「住民を幸せにできるか」「効率よく連携できる体制か」という本質的な部分が抜け落ちることがあります。決して行政の担当者は悪者ではありません。

大概の担当者は熱心に事業計画を立てています。しかし、なかなか一職員の枠を超えて「未来推計」の業務を行うのは難しいですし、異動などで継続性がないのも残念です。

また、地域特性を無視して同じ制度をあてはめようとするので、担当者も難渋していることがあります。我々の船橋市医師会は行政・保健所と良好な関係であり、日本一円滑な話し合いができていると自負していますが、多くの地域ではそうではありません。

その結果、行政の状況から、協力を頼まれた都道府県の医師会も理解が追い付かず「仏作って魂入れず」の状態で、地域包括システム機能に不安があるところもあります。

なぜ、病院が「それ」をやらなければいけないのか

繰り返しますが、地域包括ケアシステムの実現には、人と人がつながり、コミュニティの構築ができていることが重要です。

地域の人たちを見守れる体制を作るには、地域ごとの細かい事情を知っておくことが大事ですが、それは必ずしも行政である必要はないというのが私の考えです。むしろ、この点については病院の相性がいいのではないかと思っています。

病院には、誰もが条件なく訪れて診療を受けることができる公平性があります。また、営利活動ではないという点も大きく、人の弱みに付け込んでサービスを売りつけることもないので、安心して足を向けることができる施設と言えるのです。

よく知らない団体から提案されるよりも、地域に密着している病院が起点となり、ネットワークを作りセーフティネットを整備していくのは、市民との親和性が高いのではないでしょうか。

地域の細かい事情を知っている病院が、地域の健康を丸ごと見守っていく中心的な存在になる。

そんな理想的な医療のあり方を、板倉病院だけでなく、医療法人弘仁会全体が目指しているのです。

取り組みは十人十色でいい

人口統計を見ればわかるように、これからの日本では人口減少が加速度的に進みます。

現在、自然減（死亡数）から自然増（出生数）を引いた自然増減は２０２２年で71万１０００人の減少です。船橋市の人口が64万５０００人なので、今後、船橋市以上の人口が毎年減っていくことになります。

こういう状況下では、社会インフラをどのように維持していくか調整が必要です。今後は、学校の統廃合と同様に、人口減に合わせて病院も減っていくのは必然です。

都市部でも、団塊世代（１９４７～４９年生まれの世代）が亡くなるにつれて、病院の必要数は徐々に下がっていくでしょう。高齢化率が高まっている地方では、すでに病院の必要数は低下しているのです。

当然ですが、病院も様々な方法で生き残ろうとしています。第3章で詳しく紹介しますが、当院が行っている「お酒の飲み方教室」や「高校生のスタディツアー」などの取り組みに興味を持っていただくことも増えました。講演などで、導入の仕方や参考にしたいと質問をされる時に、まず質問させていただいていることがあります。

「あなたの病院ではなにが必要ですか？」

例えば、人口5000人規模の町の病院で地域の人たちが集まれるよう、おしゃれなコミュニティカフェを併設する計画があったとします。もちろん地域に集う場所がなければ有用な取り組みだと思います。

しかし、すでに集う所があるのであれば、その集まりに栄養士や理学療法士が行って話をする方が、効率よく地域の健康寿命を延ばせる活動になるかもしれません。

病院のPRやブランド力向上の方法は様々です。おしゃれなものを作れば人が集まるだろうという発想ではなく、自地域を分析して、地元のインフラを有効活用して、自院に最適なコミュニティ計画にすることが重要だと思います。

個人的には本書を手に取っていただいた方や講演会などで周囲の情報を入手しようとされている方は、使命感と危機感を持っていると思うので将来的にも大丈夫だと思っています。皆さんのお近くで思い当たるアクティビティの低い病院があるとしたら、そのような病院はやがては消滅していくことになるかもしれません。

病院は「地域を健康にする場所」

病院は2つの視点で「地域を健康にすることができる場所」だと私は考えています。

1つは地域に住む人が病気になる前に介入することで、健康寿命を延ばすこと。

もう1つは、病院に集まる人たちが相互につながり、コミュニティができることで、お互いを見守り、病気やケガの情報、相談できる施設はどこにあるのかといった情報を届けられることです。

こうしたコミュニティが充実していくことで、多くの年齢層や職種の方が交流することにつながり、地域を多層的に面で見守ることにつながります。高齢独居や老老世帯、貧困世帯など相談先や援助を受ける手段に困っている人の支援もできると思います。

また、高齢者の健康寿命の延伸のためには生きがいの創出が大切です。すでに子育てが終了し、仕事も引退された方にとっては社会との接続性の維持や、その方の経験が誰かの役に立つなど自己有用感や承認欲求を満たすことが重要です。そこが満たされると心の健康にもつながるはずです。

例えばこれは、デイサービスの現場でもよく指摘されることです。

では利用者同士の見守り合いをすることで、みんなが元気になっていきます。デイサービスまだまだ元気な人までいますが、元気な人には職員のように利用者の見守りを手伝ってもらうのが良いとされています。

そのことで、「自分が行かないとみんなが困る」と言って出かけて感謝され、また元気になって帰っていく利用者がいるのです。我々のデイサービスでは保育園児と共に野菜作りをしてもらったりしています。

このように、まだまだ活躍できる人材に場所を提供し、生きがいを持てるようになれば、人手不足の解消と合わせて一石二鳥になるかもしれません。

変わり続ける病院の役割にどう対応していくか

これまで繰り返してきたように、疾病の変化や高齢化社会の影響により、病院の役割は大きく変わってきました。

以前は、入院すると病気は治るけれど、筋力が低下したり、認知機能が低下したりして「病気は治るが、機能は落ちる」という認識があったかもしれません。このために、入院加療よりも在宅加療の方がいいという議論が起きていたと思います。

しかし、現在の病院は入院時から退院計画を策定し、病院の強みである専門職による多職種連携・介入によりＡＤＬ（日常生活動作）を低下させることなく退院する場所になってきています。

入院直後より、リハビリやＮＳＴ（栄養サポートチーム）、認知症のケアや褥瘡《じょくそう》のケアなど、病院の中にある専門チームが一斉に動き出します。

さらに、高齢者の場合、例えば肺炎治療が終わっても、元の機能には改善しないこともあります。その場合は、退院後のその方の療養環境（家族環境や生活環境など）を考慮して退院後のサポート体制を整え、退院カンファレンスなどを行って将来起きうる事象に対する備えまで実施しています。

自法人内にも訪問診療・看護・リハビリ・栄養と在宅療養チームはありますが、自法人の域を超えて、その方にベストなサポート体制を検討するようになっています。

残念なことに、求められる病院機能に移行できず、以前のままの病院もまだあるのも事実です。しかし、そのような病院は淘汰されていくと思います。

「その人らしい在宅療養」を継続するためにも、病院機能をうまく活用し「ほぼ在宅・ときどき入院」を支える病院が求められているのです。

これからの地域密着中小病院には、病院の強みである専門職の多職種協働チームを有効活用することで、入院日から退院後をイメージした加療を行い、地域と連携して退院支援を行う使命が求められているのではないでしょうか。

高齢化社会に必要な病院機能

「ほぼ在宅・ときどき入院」を目標に、在宅医療の普及と共に自宅での看取りを希望する人が増加しています。

地域包括ケアシステムの視点からも、なるべく在宅で見守ろうとするのが医療・介護・福祉の合言葉になっています。しかし、まだ病院で亡くなる人も多いのが現状です。

超高齢化社会を迎え、在宅医療の普及が進んだとしても、病院に求められる機能の1つに「看取り」があります。ご家族が安心して在宅医療をするためにも、いざというときに受け入れできる体制があることは重要です。

こんなご家族のケースがありました。80代の進行食道がんの男性です。

某センター病院から緩和・看取りを目的に転院されてきました。病気の進行により食道はほぼ通過不可能で、水にもむせる状態です。

その男性は大の酒好きで（食道がんのリスク因子です）、最後にもう一度お酒を飲みたいと切望されました。奥様と相談し、病室でこっそり日本酒を飲んでもらったところ、不思議とむせることなく飲めました。

次にもう一度、家に帰りたいという希望があったので、かなり重篤でしたが在宅訪問診療・看護の体制で自宅に戻りました。

最終的に、退院後2日目に永眠されましたが、後日、奥様が御礼に来てくれて、穏やかな表情でこう伝えてくださいました。

「主人は家に戻って家をぐるりと見渡して、『やっぱり家はいいなあ』と言って亡くなったんです、板倉病院の皆さんの支えがあって、本当にありがたかったです。無理なお願いを受け入れてくださり、ありがとうございました」

この男性とは逆に、最期を迎えるぎりぎりまで在宅で緩和治療をされていて、いよいよとなって入院し、ご家族も安心しながら穏やかに永眠されることもあります。

在宅医療と病院機能は相互に補完し合いつつ、患者本人やご家族の願いをかなえる必要があると考えています。

「死」は医療にとって、敗北であると捉えて対決してきた歴史があります。

将来の死亡者推計では、病院の死亡退院率は10－20％となる可能性があります。病院は治療して健康を取り戻す場所であるとともに、安心できる穏やかな看取りを提供する場所でもあるわけです。

当院は急性期病院で看取りの率は低いですが、在宅療養支援病院として在宅ニーズの高まりに比例して、看取りの受け入れが増えることが予想されます。

職員とも「看取りは敗北ではない」と自分の仕事に誇りを持って、ご本人とご家族が満足できる看取りを目指そうと話をしています。

「あの病院のおかげでいい看取りになった」

こうした家族の思いにつなげていくのも、病院に求められる機能の1つなのです。

そしてもう1つ、グリーフケアという、亡くなった後のご家族のケアもこれからの病院に求められる機能です。

私たちの訪問看護においても、ご家族へ手紙を書いたり、気になっている家庭には3か月後に連絡を取って様子を見るなどといったことを行っています。

家族の最期に直面した人は、どのような医療や介護の選択をしたところで、「自分たちの選択は間違っていなかったのだろうか」と少なからず思うものです。

ただ言えるのは、その選択はすべて正解ということです。**病院としては、その選択を肯定してあげることが大事なグリーフケアになるのです。**

こうした1つひとつの思いが積み重なり、結果として病院への信頼となり、日々を暮らす安心感にもつながっていくのではないでしょうか。

病院に求められる「企画力」

働き方や企業のあり方にも多様性が出てきました。病院から地域に向けて発信していく際も、既成概念に捉われない柔軟さも求められています。

しかし、変化球だけを投げてはいけません。**病院として信頼される既存の真面目な取り組みは行いつつ、病院に興味を持ってもらえるように企画していくことが大切です。**

新しい試みをするとき、日本人の8割はできない理由を考えると言われます。

板倉病院では「お酒の飲み方教室」を開いていますが、私がこのイベントを病院内で提案した際にも、職員はみな「病院でお酒なんか出していいのですか?」と目を丸くしていました。

しかし、実際にイベントを何度かやってみると、従来の病院で開催していた「健康講座」では見かけなかった人たちが参加してくれたのです。なぜ、この企画をしようと思ったかは第3章までお待ちください。

企業の取り組みを紹介する情報番組やドキュメンタリーを見ていると、様々な分野で新しい試みをしているのを知ります。私もそうしたものを見ながら、「これはうちの病院でも取り入れられるだろう」と積極的に真似するようにしています。

今では職員も私の提案にも驚かなくなりましたし、さらに、彼ら、彼女らの方から奇抜なアイデアが出てくるようにもなりました。これも組織としての企画力が格段に上がっていることの表れです。

病院として確保しなければならないのは安心・安全であり、そこを守っていれば、ほとんどのことはやってみてもいいのです。

地域の仲間が密接に協力し合う「船橋のキセキ」

私たちの板倉病院がある船橋市には大学病院がなく、人口に比して医療機関が少ないという地域特性があります。わかりやすく表現すると、患者さんを取り合う必要がない状態です。そのため、設立母体の異なるグループ病院がライバル関係にならず、仲よく協力し合える関係になっています。

「後医《こうい》は名医」になって、患者さんに対して前医の治療を批判的に言う医者がいますが、非常に残念なことだと思います。誰も幸せにしません。

患者さんには今までの治療経過に寄り添い、次の治療を提供するべきで（わざわざ治療を否定しても時は戻りません）、もしも何かあれば前医に情報提供して知識のア

ップデートをすればいいのです。

幸い船橋の病院同士では、そのようなお互いさまの文化ができていると思います。まだ増加する医療ニーズに対して、力を合わせて総力戦で臨まなくてはいけません。

さらに先述しましたが、行政、医師会、保健所の連携が非常に良好です。

我々にはもはや当然の光景ですが、他の地域の方からは奇跡的な関係といわれます。船橋は全国で初めてのドクターカー制度を始める際や、3次医療機関の船橋市立医療センターをつくる際も行政と医師会が一体になって取り組んできました。歴史的にも市民のために協力する風土があり、コロナ禍でも連日情報を共有し、共に戦ってきました。

船橋は地元が好きで、この地域を良くしようという人たちが様々な形で熱心に地域のことに取り組んでいると思います。私たちはこうした仲間たちと強固な協力関係を維持しながら、「地域をどうやったら幸せにできるか」と粛々と活動していくつもりです。

ここまで「地域包括ケアシステム」について、その概要と現実をお伝えしました。

続く第3章では、都市型地域密着病院としての私たちの事例を詳細に伝え、病院から地域をデザインするために、私たちがどんな取り組みをしているのか包み隠さずお伝えします。

コラム③ 在宅原理主義からの脱却

「ほぼ在宅・ときどき入院」をキーワードに、死生観の変化や在宅医療の充実から、在宅での看取りを迎えたいと考える人が増えてきています。この傾向はますます強くなると思いますし、在宅医療が進まないと病院だけでは看取りが完結できない時代がすぐそこまで来ています。

「ほぼ在宅・ときどき入院」を実現するためには、在宅医療と病院が患者さんを中心に連携することが重要です。残念なことに、いまだに「在宅医療こそが正義であり、病院で死ぬのは悪」という、〝在宅至上主義〟のような講演をする方がいます。

在宅医療の黎明期から地域に往診に出かけ、現在の在宅医療の基礎を作られたことは敬意を表しますが、少し時代遅れの考えになってしまっています。

大切なことは選択肢を患者さんにすべて提示し、ご本人の意志に沿うことです。地域の特性、介護力など家族の状況、本人やご家族の死生観などによって希望は変わってきます。また病気の進行などによって揺れ動くことも当然です。

そのためには、主治医が健康な時から、その方の意志を聞き出しておくこと（ACP：アドバンスケアプランニング）、そして在宅、病院両方の知識を持ち、信頼できる連携を構築していることが大切です。

在宅医療に不可能はありません。希望すれば家をICU（集中治療室）にすることもできます。病院にも在宅について不勉強な先生はいますし、在宅にもバイト感覚の先生がいることがあります。

マイナス面を強調するのではなく、いかに双方が高め合い、連携できるようにするかが大切になります。高次医療機関や大学病院などと在宅療養をつなぐことも、「地域密着中小病院＝在宅療養支援病院」の使命です。

「その人がその人らしく最期まで地域で生きられること」の達成においては、在宅も病院も関係ありません。お互いに敬意を払い、その人らしい最期を迎えられたら、どちらも正解なのです。

第3章

「都市型地域密着病院」のデザイン思考

――板倉病院がやっていること

日本一幸せな船橋を目指して

医療法人弘仁会は先代より「シームレスなネットワークの構築」を目標に、法人内に事業所を立ち上げてきました。現在、２次救急急性期病院、クリニック２か所、介護老人保健施設、訪問看護ステーション、地域包括支援センター、デイサービス・ケア、居宅介護支援事業所、保育園などを展開しています。

１９９９年から訪問看護、２００３年から訪問診療を開始しました。訪問診療の概念は、従前では当然のように行われていた、「外来通院が困難になった方のところに往診するボランティア活動」に診療報酬がついたという認識でした。今では訪問診療専門のクリニックの出現など、在宅医療の在り方も大きく変わってきています。

「地域包括ケアシステム」という言葉もない２００７年に船橋南部在宅療養研究会を設立して、地域のケアマネジャーやリハビリ職など「地域医療」の底上げをする勉強会を開始しています。

ケアマネジャーにとって、病院に相談することは敷居が高いという意識があります。こうした状況を受け、日ごろから交流し情報共有やスキルアップを図ることで相談しやすい関係となり、結果的に地域住民の安心につながります。

私は２０１２年に院長に就任し、地域における自法人の役割と将来像を検討しました。**高齢化社会に向けた医療ニーズの増加、医療の高度・細分化を考えたとき、今までのように自法人のユニットだけで地域を守ることは困難である**、という結論に至りました。

そして、地域の安心・安全を守るために、法人の域を超えた連携と地域住民とのコミュニティの醸成が必須であると考え、次のことをテーマに活動を開始しています。

そして、ここで言うデザインを**「課題を聞き、考察し、共感を得て実行すること」**と定義し、次のようにしました。

病院から地域をデザインする

本章では「地域包括ケア」に捉われない、我々の地域デザインの取り組みを、次の３つに分けて紹介していきます。

①地域に屋根のない総合病院をつくる（医療機関向け施策）
②地域が病院をつくる、病院が地域をつくる（市民向け施策）
③職員とその家族までを愛する（職員向け施策）

これらの取り組みは、いずれも対象の人たちに板倉病院のファンになってもらうためのものです。

ファンを作り、地域がつながれば、私たちが目指す「日本一幸せな船橋をつくる」につながっていくと信じて取り組んでいます。

病院が地域をデザインする①
医療機関への取り組み

地域に
屋根のない

総合病院をつくる

医療の高度化により、自院ですべてをまかなうことは困難です。法人を超えて、地域のクリニックと連携した医療提供を目指します。

「屋根のない総合病院」をめざして

地域の人が自分らしく生き、また、最期を迎えられるようにするためのネットワークづくりには、医療機関同士がつながることが大切です。

そして、すでに述べたように、「かかりつけ医」であるクリニックと地域密着中小病院、大病院が連携し、効率よくそれぞれの役割を果たすことが必要です。

しかし、その必要性はわかっていても、実行し機能するためには工夫が必要です。一国一城の主であるクリニックの院長に、病院が連携しましょうと言っても、納得と共感は得られません。

言葉だけでなく、実際に協力し合う者同士としてWin-Winの関係でつながることで、患者さんのためのネットワークがようやく完成するのです。地域を支える医療連携の形として、「屋根のない総合病院」というフレーズを使っています。

クリニックにとって一番の懸念は、病院に患者さんを紹介したことで、その患者さんが戻ってこなくなることです。

幸い、当院の外来患者数は非常に多いので、紹介元に帰すだけでなく、自院の患者さんを信頼できる地域の先生方に紹介させていただいています。平時は「かかりつけ医」のクリニックで診察いただき、年数回の追加検査のみ受診いただく形です。

また、自院にない診療科の先生方との連携も大切で、地域の名医（耳鼻科・眼科・泌尿器科など）を紹介しています。医者の信頼する先生に紹介されるので、患者さんからも好評です。

このように、**クリニックが安心して連携できる関係を構築することで、それぞれのリソースが逼迫することなく、共存共栄できるわけです。**

病院とクリニックというのはお互いさまな関係で、地域内でタスクシフトをし合っていると考えればわかりやすいかもしれません。大学などの若い先生に患者さんの病状について相談すると、上から目線で諮問？　されることがありますが、そのような関係になってはいけません。

クリニックの院長は、キャリアも能力もあるから院長なのです。

余談ですが、働き方改革で「タスクシフト」の重要性が言われますが、タスクシフトとは仕事を押し付けあうことではなく、旧来からのお互いさまの気持ちと敬意をもって助け合うことを意味します。

■病院のインフラを地域に開放する

医療の高度化・専門化にともなって、ＣＴスキャン（以下、ＣＴ）やＭＲＩなど画像検査の重要性が増してきました。

反面、クリニックでＣＴやＭＲＩなどの検査装置を整備することは設備投資、人材確保の面で大きな負担になります。そこで我々は、**病院のインフラを地域のクリニックの先生に使ってもらえるようにしよう**と考えました。

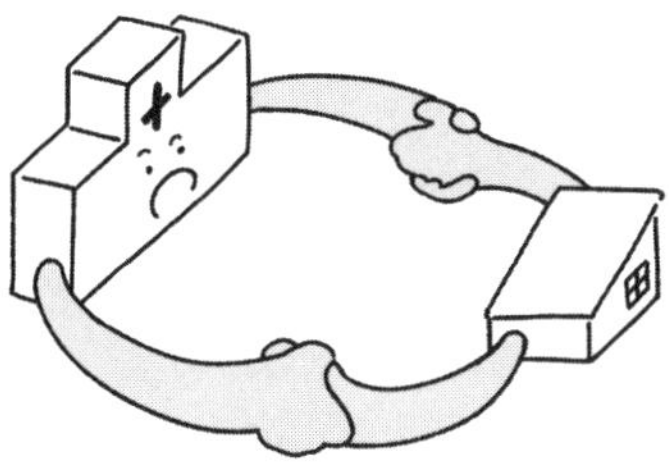

「かかりつけ医」であるクリニックと
地域密着中小病院、大病院が連携し、
効率よくそれぞれの役割を果たすことが大切。

当院では「カルナコネクト」という仕組みを使い、連携するクリニックの端末から検査予約と画像参照、読影レポート確認ができる体制を無償で提供しています。

クリニックの設備のように利用することで、午前中に当院で検査を実施して、午後に画像を用いてクリニックで診察するなど、外来診療の質が向上します。

この取り組みは好評をいただいており、忙しいクリニックでは大変な心エコーや血管伸展性検査、骨密度などの検査結果も提供できるように拡充してきました。

■なぜ無料でシステムを開放するのか

「病院とクリニックが連携して地域を支えていく」ことに異議を唱える人はいないと思います。しかし、なかなかうまくいっていないところがあるのも事実です。自分は性善説派ですが、決して楽観主義ではなく、むしろ現実主義だと思います。

メリットがなければ人はなかなか動きません。そこで私たちは、次のような「三方よし」を目指すことにしています。

①患者さんのメリット

病院のインフラを地域のクリニックに提供すると、かかりつけ医での検査の幅・質が上がります。**アクセスのしやすいかかりつけのクリニックで、普段の診察や処方だけでなく、必要な時にクリニックの設備以上の検査ができることが安心につながります。**

さらに、入院が必要な際に行く病院の雰囲気や対応などをあらかじめ知っておけることで、入院の不安を少しでも解消できます。

また、画像データなどを病院と共有できることもあります。こうしたアクセスのしやすさにより、かかりつけ医で普段の健康管理を高いクオリティで維持できます。

②クリニックのメリット

先述したように、設備投資や技師の確保などが不要で、画像検査ができるというメリットがあります。**設備に対する減価償却のための件数ノルマや保守点検、放射線技師の確保など人材面のストレスから解放されます。**

また、画像検査を利用して診断をすることに慣れている後継者の不安も解消し、診療の質が上がります。システム使用料や画像読影料なども完全無償利用です（使わなくても損はありません）。

　こうすることで、午前中に画像検査をして、午後は診療をしたり、日曜日にＭＲＩの検査をしておいて、平日に診察したりするなど、患者さんに寄り添った検査スタイルも選択できるようになりました。

　院長は一国一城の主ですから、全責任を１人で負うという高ストレス下にあります。我々の画像検査には専門医による画像読影レポートが添付されるので、見落としや専門外の思わぬミスを極力回避することもできます。

　昨今はＣＴをさかのぼって確認して、見落としなどで訴訟になるケースもあるので、第３者のコメントは非常に安心します。

　前向きな視点では、コロナ肺炎の検査目的でＣＴ検査を施行し、読影で早期乳がんが指摘された症例もありました。クリニックの先生が患者さんに連絡し乳がんの早期治療につながっています。患者さんから院長はいのちの恩人と感謝されたそうです。

　このように訴訟リスクを回避し、評判が上がる可能性があります。

③病院のメリット

システム導入や維持にそれなりのコストがかかっているのに、「なぜ無料で提供するのか」とよく質問されます。私は「病診連携を実効性のあるものにする手段」として、無償提供は充分に病院にもメリットがあると思っています。

利用いただくクリニックの先生は、おそらく当院のファンになってくれるでしょう。ファンになってもらえば、当院のことを患者さんに前向きに伝えてくれると思います。そしてその患者さんたちが、当院の入院患者になっていきます。

私たちも質の高い医療をしていると自負していますが、まず患者さんの気持ちのスタートに安心感があることは非常に重要です。

さらに、検査で一度でも当院に足を運んだ方であれば、心理的ストレスはさらに下がるのではないでしょうか。つまり、質の高い患者さんの入院供給路の確保という一面があります。不要な支出はしたくないので、当院は駅などの広告は一切行っていません。

もう1つの理由として、**医療機器の有効利用**があります。医療機器を地域に開放することで、機器の稼働率が向上します。機器を眠らせずに地域で使っていただくことで減価償却期間を短縮することができ、新しい機器へのアップデートも容易になります。

最後に現実主義の視点では、「連携パートナーの選択」という面もあります。地域へのインフラの開放といっても、無制限にできるわけではありません。連携し地域を共に支えるパートナーを見つけることは重要です。

画像連携システムの説明に伺ったときに、病診連携を深めて共に地域を支えていきましょうと話した時の反応と、その後の地域活動は比例している印象です。

本音でいえば、何もリスクがないのだから参加しない理由もないと思うのですが、理解されない方も一定数います。

内訳としては、上の世代の方が多いですが、実年齢よりも精神年齢が重要で、情熱的な先生の理解は早い印象があります。特に、繁盛して評判のいいクリニックの先生には受け入れていただけていると思います。

この画像連携システムは、Win-Winの関係が理解でき、**「お互いさま」を感じ合えるパートナーを見定める試金石のようなものかもしれません。**

マイナンバー保険証など医療のＤＸ化が進み、ＰＨＲ（Personal Health Record：個人の健康状態、保健、医療、介護に関する履歴を一元的に集約したデータ）の有効活用が国の方向性です。しかし、制度が整備され、有効利用されるまでにはまだしばらくかかると予想されます。場合によるとニーズのピークに間に合わないかもしれません。
このような背景からも、地域の中で患者情報を共有する意識を持つのは大切なのです。

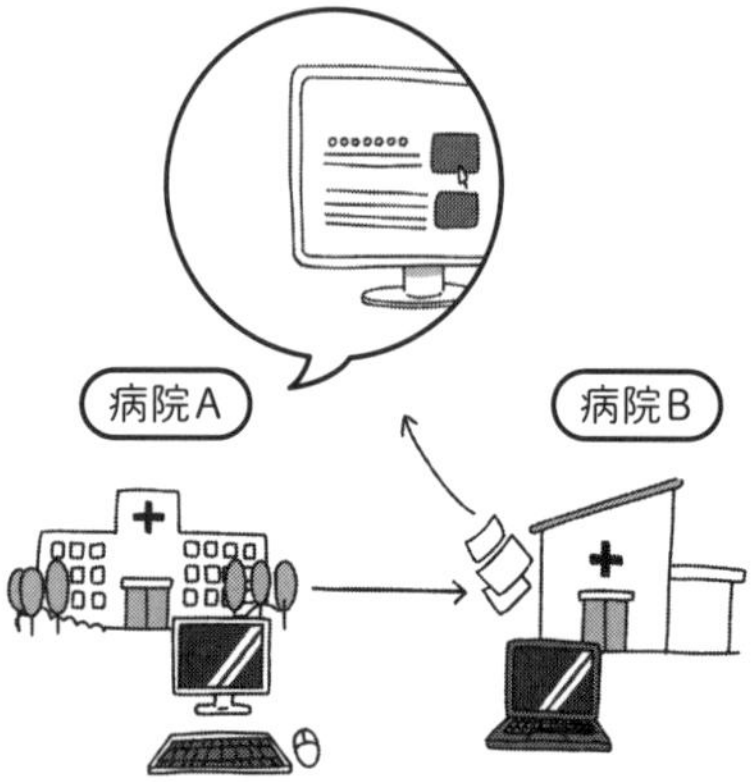

連携するクリニックの端末から
検査予約と画像参照、読影レポート確認が
できる体制を無償で提供。
午前中に自院で検査を施行し、
午後に画像を用いてクリニックで診察するなど、
外来診療の質の向上に貢献している。

システムエンジニア派遣でＤＸ支援

先ほども述べたように、マイナンバー保険証の標準化など、医療現場のＩＣＴ化が求められるようになってきています。しかし、増加傾向ではあるものの、２０２０年の電子カルテの普及率は病院57・2％、クリニック49・9％です。

いまだに紙カルテで運用している病院が４割以上で、電子カルテの普及率は、皆さんの予想より低いのではないでしょうか。

電子化移行へのハードルは様々な要因があります。電子カルテ黎明期は、パソコンに強い先生が自院内に独自のネットワークを作り、効率よく業務を進める光景が見られました。

しかし、診療報酬請求（レセプト）、健診画像の電子化など、ネットワークの高度専門化、個人情報管理や外部からのウイルス侵入リスク対応などにより、少し詳しいくらいでは太刀打ちできなくなってきています。さらに、電子化の初期投資や維持コストは経営費用の5－10％を占めるほどになり、そこは診療報酬にほぼ関係ありません。

機器の入れ替えや不具合発生時には、秘伝のたれのように複雑に絡み合った自院のネットワークに手を入れる必要があります。しかし、そのためにシステムエンジニア（SE）を雇用するのは困難で、必要時は外部のSE業者にサポートを依頼することになります。

その時の作業が適切なのか？　料金が適切なのか？　（値段交渉しても言い値からの減額です）という不安がつきまといます。

この企画のきっかけは、友人のクリニック院長が「毎月ネットワーク修理をしてもらっているけれど、一向に直らない」という一言でした。そのため、当院のSEを困りごとの聴取と改善策検討に派遣しました。

結果として、全体のネットワーク設計が不安定なので、依頼の部分だけ修正しても改善しないことがわかりました。つまり、**いつまで経っても直らない修正に、毎月費用を払っていた**ということです。

SEにどのように依頼するかも難しいですし、医療業界ならではのネットワークの特殊性もあるので、SEならば誰でもできるわけではないことを知りました。

そこで、当院の医療の特殊性がわかっているSEを派遣する活動も始めています。

無償ではないのですが、そのクリニックが求めているものを丁寧に聞き出し、適正な料金で質を担保しているので、相談を受けたクリニックからは非常に好評です。

クリニックが必要としているネットワーク構築のイメージができているSEが、セキュリティ面なども考慮した必要であろうレベルのシステムをいくつか提案して、院長が選択するという手順を踏むので安心です。

院長からシステムを要望して、よくわかっていないSEが依頼したところだけを構築するという従前の手順は、コスト、ストレスの両面で負担が大きいと考えているのです。

SE派遣となると、クリニックの困りごとに寄り添えますし、期間中はクリニックへの出入りが増えます。人と人のコミュニケーションによって、お互いの人柄の理解が深まります。こんな点からも、地域のクリニックが当院のファンになってくれると考えています。

将来的に、屋根のない総合病院の実現に向けてネットワークを構築するとしても、同じコンセプトでSEが設計していれば拡張性があるのではないでしょうか。

「医療用スマホ」でICT活用による地域DX連携

PHS停波に伴い、当院では全国で一番最初に「メドコム（旧日病モバイル）」という医療用のスマートフォンを導入しました。「働き方改革」に向けた院内活用については、後述の職員への取り組みで紹介させていただきます。

地域のケアマネジャーや施設・在宅の担当者にとって、病院に相談することは敷居があります。福祉・介護と病院の間には医療の基礎知識のベースにギャップがあるからです。**「適切な表現で、適切なタイミングに相談する」**という心理的負担は、どれだけ連携を強化しても一朝一夕にはなくならないものです。

そこで我々は、相談のストレスを解消できないかと考えました。

コロナ渦中、軽症ホテル療養者の支援病院をしていた際に、医療用スマホを貸与することで情報の共有がスムーズに行うことができた経験がありました。この経験をもとに、地域に発展させることによってスマートフォンのチャット機能を利用して相談のハードルを下げようという作戦です。

皆さんの周囲でもラインなどを使って、患者相談などをされているのではないでしょうか。昨今、個人情報の扱いなどが厳しくなってきています。そのため、医療用スマホの持つ情報セキュリティの堅牢性が重要になってきているのです。

■画像と動画で遠隔相談

病院受診のタイミングを見極めるのは非常に難しいことです。特に高齢者で、ご自身で訴えがうまくできない場合はなおさらです。

ケアマネジャーや施設職員の立場からすると、「なんでこんなになるまで受診しなかったの」と言われるのも、「なんで受診しにきたの」といわれるのも困ってしまいます。受診のタイミングは、施設や在宅の担当者が持つ経験や人脈によっている側面もあります。

また、施設から病院受診をする際には、患者さんご本人だけでなく、運転手や看護師が必要です。準備して移動、受診（検査などもある）、帰りの移動までを考えると、かなりの時間と人手を1人の方にかけることになり、これは業務上の大きい負担です。

働き方改革が求められている昨今では、受診の適正化を図ることは、移動で疲れてしまうご本人だけでなく、施設職員の労働の質向上にもつながります。

しかし、先述したように、介護・福祉の現場では医療の基礎知識でギャップがあるため、言葉で状態を説明することが難しく、「とりあえず受診させます」となっているケースがあります。

そこで、我々は**スマホの画像機能**を有効活用することにしました。皮膚の色の状態や顔色、呼吸状態などを写真や動画の画像情報として共有し始めました。

オンライン診療の普及も進んでいますが、**「オンライン診療まではいかないけど、その手前のちょっとした相談」**ができる体制を作ることで、重篤化する前に相談でき、受診不要な場合は無駄な移動が抑制できると考えています。

どのようなやり方であれ、**気楽に質の高い相談をできる体制を作ること**が、患者さんと職員、そして病院と施設・在宅の双方にとって大切であると考えます。

■退院前カンファレンスのＤＸ活用

患者さんが、退院してご自宅へ戻られるときに、退院後の療養体制について、多職種で情報共有を図る「退院前カンファレンス」が開かれます。これは、病院では退院時共同指導料という加算になります。

参加したケアマネジャーにも退院・退所加算が入ります。患者さんが安心して在宅療養を過ごせるための準備だけでなく、参加施設にも診療報酬上のメリットがあるものになっています。

原則、対面で開催することは変わっていませんが、コロナ禍の影響もあり令和２年（２０２０年）より、ビデオ通話が可能な機器を用いて共同指導した場合でも算定可能となりました。

退院前カンファレンスの必要性が理解できていても、日中に多職種が決まった時間に集まるのが困難であるという理由で、ケアマネジャーさんが参加できないために開催が難しかったケースが多く、対面時の開催率は4割程度でした。

しかし、「医療用スマホ」の貸し出しにより実施率の向上が図れています（PCを利用したZOOM開催よりも、スマホのほうが簡便にアクセスできるようです）。「医療用スマホ」による地域DXは、病院と在宅の連携を円滑にするだけでなく、利用側の診療報酬面でもメリットがあることがわかりました。

相談・連携業務の改善面と収益面の両面でスマホ利用のメリットを実感いただくことで、地域DXとしての「医療用スマホ」の利用が日常になっていくと思います。

事業承継相談・開業支援

クリニックの後継者問題は、医師にとっても地域住民にとっても大きな問題です。

昨今、世代交代により事業承継するクリニックも増えてきました。「地域をデザインする」というコンセプトで活動していると、当院に事業承継の相談をいただくこともあります。

船橋市は「医療ニーズ∨医療資源」の地域であり、医療経営には魅力的です。業者から希望者を紹介されたけれど、「自分の守ってきた患者さんを心ある後継者に託したい」という思いがあるため、しっくりこないというのが相談内容としては多いです。

ありがたいことに、当法人に承継依頼をいただくこともあります。しかし、質の高い診療の維持をするには、闇雲に拡大するわけにもいかないので、多くはお断りしています。

代わりに、タイミングが合えば、自分の周囲の信頼できる先生を紹介することがあります。法人でクリニックを吸収し、「雇われ院長」に任せるのではなく、「オーナー院長」の支援をすることが地域連携につながると考えています。

実績として、これまで2つのクリニックに友人を紹介しました。承継後も非常に評判が良く、人間性、診療技術共に優秀な先生です。

当然ですが、オーナー院長は自己責任で経営をしなくてはいけません。地域住民を大切にしないと倒産してしまいます。**その覚悟を持った院長が地域で活躍することで、健康寿命は増進されるのです。**

また、クリニックの院長には当院の外来を週1日お願いしていますが、そうすることで病院の診療の幅の深まりにつながっています。

さらに、当院からも派遣し、相互に病院やクリニックの雰囲気や職員がわかることで、より現実的な病診連携が可能になったり、先のSE相談などの新たな発見につながったりしています。

また、新規開業されるクリニックとの連携も増えてきました。画像連携などのインフラ共有だけでなく、バックベッドとしての連携依頼もあります。「地域の住民の安心・安全を維持するために連携して機能する」という趣旨への理解や共感は以前よりもスムーズになっている印象です。

ちょっと泥くさい「飲みにケーション」も人柄を知る有効なツールです。開業したての不安な時期に、「何か困ったら何でも相談してください」といえる関係になることは、今後数十年の連携の基礎になるのではないでしょうか。

「自院に患者を集める」のではなく「連携して地域の健康を支える」

そういう船橋の土壌ができつつあります。

コラム④ 医師に求められるのはコミュニケーション力

「あなたは医者に何を求めますか？」

もちろん、確かな技術と診断力は医者にとって不可欠です。しかし、画像診断の向上と医療技術の進歩により、医療の質は高いレベルで安定してきました。

その結果として、一部の疾患を除けば、高次医療機関でなくても標準的治療が受けられるようになってきています。さらにＡＩの進化により、画像診断力や内科診断力は人間を凌駕すると思われます。

そうなるとロボットが処方箋を書くのと、医師が診察することの差はどこにあるのでしょうか？　それは、コミュニケーション力だと思います。

手当という言葉は、患部に手を当てるから来ていますし、看護の看は手を当てて目で見るからきています。

患者さんは、困りごとがあって来院しています。症状をうまく説明できる人もいれば、難しい人もいます。画像検査や採血結果ではっきりした異常所見がなく、原因がわからないこともあります。

この時に、どのような説明をされたら患者さんは安心するでしょうか？　「異常ありません」といわれたらどうでしょうか？　きっと、「痛くて来たのに、『異常なし』って言われても」となってしまいます。

そうではなく、例えば「本日のＣＴと採血では明らかな異常所見はありませんが、あなたの症状があるのは事実なので、対症療法で経過を見ていきましょう。でも、今すぐに入院や手術が必要な所見はなさそうですよ」と言われたらどうでしょうか？

緊急性がない、かつ仮病とか神経質扱いされていない、と安心してもらえると思います。5秒も変わらない説明で満足度や安心感は変わります。


学校や塾での評価のために、本人の意志に関係なく、成績のいい子に医学部進学を進める傾向があります。また、診断や治療の進化により、勉強量はかつての10倍以上になっており、６年間ひたすら医療の勉強をします。

医療専門学校である医学部を卒業するとすぐに「先生」と呼ばれ、社会人教育を受けずに研修医として修業がはじまります。自己研鑽を積み、医療技術とともにコミュニケーション力を磨く人が多いですが、誰も教えてくれないので、アンバランスで残念な医師が存在するのも事実なのです。

医療は多職種協働かつチームで行うものなので、医師になってからの評価は「成績がいいこと」よりも「人間力があること」になります。

患者さんの視点で話を聞くこと、その方の今だけでなく、将来にも思考を巡らせて寄り添うことが必要です。相手が理解してはじめて「説明」です。患者さんやご家族との間に信頼関係を作れる医師が求められる医師となります。

私もがん研究センター、大学病院時代、そして今もセカンドオピニオンとして外来で相談を受けることがあります。治療は正しいことをしているのに、もう少しうまく説明していればいいのにと思うことは往々にしてあります。

ＡＩの進化と予防、早期治療が進む将来、医師に求められる技術は、患者さんを思い、相手に寄り添う「コミュニケーション力」ではないでしょうか。

コラム⑤　凡事徹底の重要性

様々な取り組みや、ＤＸによる業務改善が目を引きやすい世の中になりました。その中で病院には、土台となる医療の基本を愚直に実行する重要性を強く認識しています。「神は細部に宿る」も大切ですが、ベースの足腰がしっかりして初めて細部が輝くのです。私たちが第３者評価である病院機能評価を更新し続けている理由もその１つです。

医療において凡事徹底が重要である理由は数多くあります。

①患者の安全確保

医療は患者の健康と生命に直結しています。凡事徹底のアプローチを取ることで、診断、治療、看護、退院後支援などの各プロセスにおいて患者さんの安全が確保されます。

②品質向上

医療は高品質なサービスを提供することが求められます。丁寧な検討とプロセスの最適化により、治療や看護の質が向上し、より効果的で効率的な治療が提供されます。業務として仕事をするのではなく、相手の立場になって将来を想像し、医療サービスを提供することで、患者満足度も向上します。

③医療ミスの防止や予防の促進

患者の疾患への理解や既往、アレルギー情報などの確認と共有、コミュニケーションの充実などにより、早期に問題を発見して治療することで、医療ミスの回避や病状増悪、合併症の予防が可能となります。

④効率性の向上

カンファレンスなどで症例についての理解を共有することにより、プロセスや業務の効率を向上させることができます。より質の高い医療・看護の提供につながります。

⑤コミュニケーションの改善

医療は複数のプロフェッショナルが関与する複雑なプロセスです。凡事徹底はコミュニケーションの改善に役立ち、医師、看護師、医療スタッフ、患者との間で情報が正確かつ迅速に共有されることを確保します。

働きやすい職場は、一方でぬるま湯になることと背中合わせでもあります。また、全職員が様々な取り組みに積極参加するわけではないのも事実です。さらに、ゆとり世代・Z世代が増えてくると、仕事をワークではなくジョブと割り切る人も増えてきます。

しかし、人の本質は世代で変わるとは決して思えません。納得と共感をもって、仕事のやりがいや使命感を理解してもらえれば、ただやらされるのではなく、自分で思考して行動できると信じています。

そのためには、信頼関係や日々のコミュニケーションが必要です。そして、当たり前のことをしっかり行い、患者さんを自分の家族と思い想像することが何よりも大事です。

優雅に泳ぐ白鳥も、水中では盛んに水を掻いています。普通に見えて陰で努力をし、快適に業務を遂行できるということが素晴らしいのです。

まずは本体部分の精度を徹底的に上げることに努め、その延長に「神は細部に宿る」の気持ちをもって繊細さを行き渡らせる覚悟に、病院としての姿勢が表れるのです。

地域が病院をつくり、

病院が地域をつくる

病院からの一方的な発信ではなく、
健康な時からふれあい、
共に成長する病院を目指します。

「おらがまちの病院」を目指して

本項が本書のメインとなります。

前章まででお伝えしたように、超高齢化社会の医療を破綻させないためには、健康寿命の延伸とコミュニティのつながりが不可欠です。

私たちはどうしたら地域を健康にできるかを検討し、病院の定義を見直すことにしました。そこで定義したのは、次の通りです。

「病気になったら行く場所」から「健康な時から親しみのある場所」へ

定義に込めたのは、様々な取り組みを通して、地域に病院を開放し、病院のネガティブなイメージの払拭を目指すことでした。これを実現するために、我々が行ってきた「企画」をいくつか紹介します。

病院が行う「病院らしくない」勉強会

板倉病院では生活習慣病（糖尿病、高血圧、慢性腎臓病など）の勉強会や理事をしている公益法人船橋地域福祉介護医療推進機構の地域勉強会としてリウマチや乳腺・婦人科の勉強会を開催しています。ある日、開会の挨拶をしていると、あることに気づきました。

「この人、いつも来てくれる人だな」

病院が行う「真面目な勉強会」は、当然必要なものです。しかし、参加者はリピーターや、そもそも健康への意識の高い方が多くなります。もちろん、繰り返し聴講いただく方には感謝ですが、**地域の健康を増進するためには、「健康無関心層」に少しでも意識改**

革をしてもらわなくてはいけないのではと思うようになりました。

無関心層の健康維持をしていかないと、結局のところ、病気になる人は減りません。そうすると、地域の健康維持をはかることは困難になってしまいます。そこで無関心層へのアプローチをテーマに企画を始めることにしました。

私の場合、幸い「勉強しなさい」と言われ、無理やりやらされる環境になかったのは両親に感謝ですが、なんとなく医療に興味を持つように誘導されていた気配はあります。

それと同じように、**「健康に気をつけましょう」と上から啓蒙しようとしても人はなかなか動きません。**ちょっといたずら心をくすぐったり、背徳感があったりすると興味を持ってもらえるのではないかなと思いました。

そこで考えたのは「お酒の飲み方教室」「ラテアート教室」「絵本の作り方教室」など、ちょっと友人に話したくなる勉強会の開催でした。特に反響があり、一番初めに企画した「お酒の飲み方教室」から紹介します。

■お酒の飲み方教室

健康診断で肝機能を指摘されて病院を受診したとき、なんと言われるでしょうか。基本的には「お酒を控えましょう」「脂肪を取らないように、食生活に気をつけましょう」「運動しましょう」などと指導されると思います。

それは正論ですが、皆さん大人ですから、そんなことは充分わかっているはずです。それができなかったから採血データが悪いのです。小学校で「勉強しましょう」と言われる時と同じような心のざわめきを感じて、耳を塞いでしまうかもしれません。

健診担当医や内科医は、生活習慣指導を行うことや、その経過次第で内服を促すことで健康寿命の延伸を目指しているので、それは当然の責務となります（３ケ月や半年後の再診再検査はサボらないでくださいね）。

実は、検査によっては健診受診率が４割程度のものもあるので、健診を受けているだけでも、すでに充分健康意識はあると言えます。

検査という響きには、自分をテストされるという緊張感とストレスがあります。そのため、ついつい目を背けがちです。自分もサボろうとしていつも注意されています。

もし病院が、地域勉強会の企画で「こんな風にお酒を飲んだら、量より質で楽しく飲めるよ」と説明していたらどうでしょうか。健診を受けても怒られないかもしれないと思うかもしれませんし、ちょっとは話を聞く気になるかもしれません。

さらに、この病院なら「かかりつけ医」にしてもいいと思ってもらえるかもしれません。

「お酒の飲み方教室」では、世界に日本酒の素晴らしさを発信する船橋市内の酒屋さんにご協力いただいています。酒量1合以下で楽しめる、おすすめの日本酒の提案やお猪口とつまみの選び方で、「量ではなく質で飲める」を目標とした教室になります。

また、飲み方の実技？　の前には日本酒に関する座学があり、しっかりじらされた後に実技の飲み方教室に移行します。日本酒と一緒に出されるおつまみは、近くの小料理屋さんが船橋港で水揚げされた新鮮な魚介類を使ったものを提供してくれています。

当初、この企画に協力いただくために説明にうかがった時は、「病院でそんなことしていいのですか？」と驚かれていました。

病院らしくない取り組みとして、
「お酒の飲み方教室」「絵本の作り方教室」などを企画。
大事なのは、地域の健康増進を目指して
「健康無関心層」にもアプローチできる企画であること。

しかし、蓋を開けると、日本酒についての座学も非常にわかりやすく、病院が嫌いそうな日本酒好きのおじさんが感心しながらメモを取っているとほほえましく思います。

このイベントの素敵なところは、初対面同士の人見知りしそうなおじさんが、会の中盤くらいからは、お酒の力も借りてにこやかに職員や周りの方と仲良くなっていることです。また、病院という安心感からか女性の参加者も多く、男性だけの会ではないこともいいと思っています。

この企画に参加していただいたことによって、**「病院から地域を健康にしたい」**という私たちの意思に共感いただき、友人にも「健康寿命が大切」と伝えると言ってもらえると、強力な仲間を手に入れたという喜びが溢れます。

病院から「健診を受けましょう」と言われても行動変容は難しいかもしれませんが、友人から「あそこの病院の職員はいい人だし、健診くらい受けた方がいいぞ」と言われると健診受診につながり、地域が少しでも健康になるかもしれません。

同じように「ラテアート教室」でラテアートをマスターしたお子さんは、お母さんと一緒に家でご家族に披露するかもしれませんし、「絵本の作り方教室」で思い出の写真で絵本を作られたおばあさんは、見るたびに病院を思い出してくれるかもしれません。

■「地域住民のための企画」の思いを大事にする

このように、それぞれ対象となるターゲットを明確にした「病院らしくない」教室を通して、**病院を「縁遠い、緊張する場所」から、「日常の中で身近に感じ、親しんでもらえる場所」にしていこうとしています。**

こうした取り組みは、一見すると奇をてらった、集患のための企画と捉えられがちです。メディアで扱っていただいたり、講演で紹介したりすることもありますが、どうしてもインパクトのあるところが印象に残ってしまい、背景の趣旨が隠れてしまうことがあります。「自院でも同じような企画をしたいので、真似させていただいていいですか」というお声もいただきます。当院の企画がお役に立てるのであれば、採用いただけることは光栄です。ですが、**すべての「企画」は地域住民のために行うものである**ことを見落としてはいけません、病院の自己満足にならないよう、注意が必要です。

「企画」の持っている思いや温度感は、参加された方には予想以上に伝わっているもの

地域の子どもからお年寄りまで、
対象となるターゲットを明確にした
「病院らしくない取り組み」を企画することが大切。

です。主催者側は職員たちと「思い」を共有して「企画」を立て、参加住民に愛をもって接していただくことで、参加者の共感や行動変容につながると思います。

■地域住民とともに行う防災訓練

２０２４年の元日に発生した能登半島地震など、日本は震災が起きやすい国なので、首都直下地震（東京湾北部地震）もいつ起きても不思議ではないと言われています。発災時、けがをされた方は病院に殺到します。船橋市では震度６弱以上の地震発生時に、市内の２次救急病院前に病院前救護所を設置する体制を作りました。

体制変更の過程は非常に大変でしたが、今も共に体制整備に尽力してくれている市の職員のおかげもあって現体制に至りました。使命感をもって自分事として奮闘してくれたことに非常に感謝しています。治療優先度判定（トリアージ）を行い、軽症者対応を病院外で、中等症以上を院内で加療することで、「救いえた死」の減少を目的としています。

平時であれば院内で治療される状態でも、軽症判定となり病院前救護所で処置されることになります。「医師会」「歯科医師会」「薬剤師会」「柔道整復師会」と行政の連携によって、それぞれの病院には近隣クリニックの医師、歯科医師、薬剤師、柔道整復師が参集し、初期治療に当たります。平時から各病院でも災害訓練が行われています。

当院も年2回の全体訓練を行っていますが、その1回を地域住民参加型防災訓練として開催しています。病院職員による院内訓練や、地域の方に見学してもらう訓練を行っている病院は多いと思います。

我々は自治会と連携し、模擬患者を地域住民に演じてもらうことにしました。模擬患者となった方は、お年寄りから小学生まで様々で、実際に搬送ベッドで院内に運ばれたり、救護所で応急処置を受けたりしていただきます。参加者は名演技をしながら、発災時の病院動線やエリア管理を経験し、ストレッチャーで運ばれるなど、患者になった際に見る景色を体験してもらいます。

さらに、救命を優先するために「腕の骨折は軽症扱い」となるなど、ケガの対応が平時と違うことも体験してもらいます。当院の職員とふれあい、参加することで「ここは自分の病院である」という意識をもってもらうことを期待しています。

こうした病院の対応を知る人が地域に増えれば、本当に災害が起きた時に、押し寄せる患者さんと病院職員の間に入って説明してくれるかもしれません。

ただ訓練を見せるのではなく、実際に参加してもらうことに意義があるのです。


また当院では、医事課職員が全員1次トリアージを行えるように研修を行っています。病院到着時の1次トリアージポストでまず職員が治療優先度をつけて誘導することで、医師が治療に専念できます。

トリアージは最終判定ではないので、仮に間違えていても2次トリアージで医師が再判定できるため、安全性を担保しつつ「救いえた死」を1人でも減らすための工夫をしています。

病院前救護所訓練には、参集名簿にある近隣クリニックの医師や歯科医師、薬剤師、柔道整復師の方や保健所の職員にも参加いただいています。主に軽症者のエリアを担当いただき、中等症以上の治療は病院のインフラを理解している病院勤務医を当てることができます。

訓練に参加いただくことで、病院とそれぞれの距離感が近くなります。発災時のみならず、平時の連携においても役立つコミュニケーションの一環になっていると思います。

さらに、ボランティアで参加いただいた模擬患者さんにとっても、軽症エリアで普段かかりつけのクリニックの先生や接骨医の先生に応急処置をいただくことなどで、発災時は地域総力戦で応急医療に当たることが伝わると思います。

平時に連携がとれていなければ、有事に機能的な連携ができるはずはありません。どんなに備えても想定外なことはあるので満点は不可能ですが、繰り返しトレーニングすることで、今よりも1人でも多くの命を救えれば、それは成功だと思っています。

■いたくらメディカル体験

当院では夏休みに医療圏の小学生を対象に、「いたくらメディカル体験」を実施しています。リアル「キッザニア」のイメージです。この取り組みは大変好評で、10倍近い応募抽選となっています。

この企画の趣旨は、**「小学生のうちから、病院に親しんでもらう」**です。手術室体験、薬剤師体験、放射線技師体験、看護師・リハビリ体験を20分ずつ経験してもらいます。

土曜日の午後、外来終了後からの開催なので、救急車が来て中断することもあり、本当の病院設備を使っての体験となります。

『手術室体験』では、本当の手術室で外科の先生と一緒に、電気メスを使って鶏肉を切開したり、無影灯を背景にかっこいい写真を撮ったりしています。電気メスの焦げた匂いなどリアルな体験ができます。

『薬剤師体験』では、薬剤用の「へら」を使って軟膏を詰めてみたり、お母さんの薬（ラムネ菓子）を調合して薬袋に効果を書いてプレゼントしてもらったりしています。「元気になる薬」もあれば、「怒らなくなる薬」があるなど個性豊かです。

『放射線技師体験』では技師さんから放射線の仕組みを教えてもらったあとに、箱の中身あてゲームをしています。レントゲンとＣＴで同じものを撮影しても見え方が違うことや、３Ｄ画像構築でバナナやミッキーマウス（当院から某ランドは近いので）が見えることで、箱を開けなくても何が入っているかがわかることを実感してもらっています。

『リハビリ体験』では親子でフレイル予防や可動域の確認などをしてもらっています。この体験は、子どもより親の方が効果があるかもしれません。

この企画では、小学生に病院を体験していただき、病院や医療介護職に興味を持ってもらいたいという思いに加えて、保護者の方にも当院を身近に感じてほしいという意図もあります。

お子さんには保護者が付き添っているので、子どもと共に自然と病院の裏側を見ていただいたり、職員の人たちと触れ合っていただいたりすることになります。当院の設備の質や思いをご家族も実際に見て、理解してもらうことができます。

体験後のアンケートでは「楽しかった」というお子さんの意見のほかに、保護者の方から「質の高い診療体制と素晴らしい職員に支えられている病院が近くにあってよかった」というありがたいお声もいただきます。

■企画の実現が職員のモチベーションにつながる

平時の診療をしながら、メディカル体験の準備をするのはなかなか大変です。回を重ねて、参加希望が多くなりすぎてしまったので、対象となる小学校を数校に絞らせていただきましたが、教育委員会の許可をいただき、各校に趣旨を説明した上で対象学年にパンフレットを配っていただく、さらに応募をまとめ、抽選してお知らせするなどの作業があります。希望者が多いので、開催日や回数を増やして欲しいなどリクエストをいただくこともあります。

診療しながら企画を進めているので、開催回数が容易に増やせないことは心苦しく思っています。当日担当する各部署は子どもたちに「楽しみつつ、安全に経験して学んでほしい」という思いで、文化祭の準備のようにアイデアを出してくれています。

また、バックヤードまで披露するので緊張感もあります。しかし、お孫さんがメディカル体験した病院なら、入院する時のストレスも減るかもしれませんし、ご家族も病院の裏側まで知っていたら安心できるというメリットがあります。

子どもたちがキラキラした目で喜んで帰る姿は、「この仕事をやってよかった」と職務の使命を再認識するきっかけとなり、職員のモチベーションにもつながります。

実際に職員からは**「企画の準備は大変だけど、やってよかった」**という声が出ています。このような地域ボランティア活動にも、積極的に協力してくれる職員には心から感謝しています。

小学生を対象に「いたくらメディカル体験」を実施。
手術室体験、薬剤師体験、放射線技師体験、
看護師・リハビリ体験を20分ずつ経験し、
病院の仕事を肌で感じてもらう。

■ワカモノ未来共創スタディツアー

病院マーケティングサミットJAPANの竹田陽介先生が、「ワカモノ未来共創部」という取り組みをされており、当院も参加しています。

地方の中・高校生と2泊3日で交流を行い、都市部の病院体験や地域コミュニティ活動への参加体験をしてもらっています。研修に参加する意欲のある中・高校生の聡明さには目を見張るものがあります。

2泊3日の中で様々な体験をしてもらうために、プログラムを検討しました。

まず、病棟で看護業務についてのレクチャーや心肺蘇生法の訓練をした後、今度は患者さんの気持ちや不自由さを体験してもらうために、模擬患者として病室に泊まってもらうことにしました。もちろん病衣に着替えてもらい、点滴のルートを腕にテープで貼り、病院食を食べて21時には就寝してもらいます。

点滴ルートはとても不便さを感じたものの、病室は快適で寝心地が良かったと意外な評価をいただきました。

患者さん体験をした翌日は、訪問診療・訪問看護に同行してもらい、往診を体験してもらいます。

同意をいただいた患者さんのお宅にお邪魔して医療を行う現場体験に加えて、移動中に医師や看護師からどのような思いで患者さんやご家族とふれあうべきかを聞けたりすることで、患者さんや家族に寄り添う医療者の気持ちや使命感も理解することができたと体験後話してくれました。

最終日には地域のコミュニティカフェに行き、医療の視点だけではなく、地域コミュニティの有用性を実感していただくために利用者、主催者と交流してもらっています。

そして、患者、看護師、在宅医療、地域コミュニティ活動と密度の濃い3日間の体験から思いついた、地域のためのアイデアを発表してもらいました。

既存の概念や経営の視点などのしがらみから解放された「どうあった方が、患者さんや地域が幸せになるか」というシンプルでちょっと青臭く、熱いアイデアは、職員の刺激にもなります。病院の固定概念にとらわれない企画につながることに期待しています。

わずかな期間の研修にもかかわらず、年末に開催された病院マーケティングサミットJAPANの総会では大学生や社会人に混じり、別人のようにしっかりしたプレゼンをしていて、成長力と可能性に魅了されます。

ちなみに、今回は中・高校生でしたが、「ワカモノ」は年齢にかかわらず、元気で柔軟な発想があればいつまでも「ワカモノ」です。

■ごはんLABO（子ども食堂）の夢

子どもの貧困が話題となることがありますが、皆さんは実感があるでしょうか。

実際のところ、子どもの11・5％（2023年）、つまり9人に1人の子どもが貧困とされています。2018年の14％よりは改善していますが、予想より多いと感じるかもしれません。

ファストファッションの影響などもあり、身なりで貧困の子どもを判別することは困難になってきました。両親の共働きなどにより、例えば500円を渡されて1日を過ごさざるを得ない子などがいるそうです。昼食でコンビニのおにぎりと飲み物を買って使ってしまい、夕食は残りのお金で駄菓子を買って、公園の水を飲んで空腹を紛らわせて親の帰りを待っているそうです。

こうした実情を受けて、我々は、病院のコンファレンスホールにある糖尿病教室などを行うためのオープンキッチンがあることを利用して、ここを地域に開放することで「ごはんＬＡＢＯ」という子ども食堂を始めました。

「子ども食堂に行っている」と子ども同士で言われて、いじめられてほしくない。食事をするだけでなく、学びや相談ができるワクワクする場になってほしい。将来的に子どもだけでなく、障がいのある方や認知症の方も過ごせる場にしたい。

そうした願いを込めて「ごはんＬＡＢＯ」という名称にしました。

運営には２０１９年の立ち上げ直後から、ボランティアの皆さまにご協力いただいています。開始当初から参加していただいている地域の方々や、ご家族が当院に入院されていたときに「ごはんＬＡＢＯ」の活動を知って参加してくださった方など、徐々に認知されていき、ボランティアの方も毎月楽しんで参加されていることを非常に嬉しく思っています。

食材についても、船橋市内の企業にご賛同いただき、毎月お肉を提供いただいています。その月のお肉（牛肉・豚肉・鶏肉）が決まり次第、季節の行事などに合わせて、喜んでもらえるメニューをみんなで考案してくれています。

メニューに応じて、必要な野菜類は船橋市場の青果店から提供いただける体制も維持できており、「ごはんＬＡＢＯ」が地域の皆様に支えられて、コロナ禍を通しても途切れることなく運営できていることに心より感謝しています。

こうした取り組みは、継続することが何よりも大切です。今では毎回60人前後の利用があり、クリスマスなどにはサンタさんの参加やケーキの差し入れをいただくなど認知度も高まってきました。

さらに、食事を提供するだけでなく、生命保険会社の協力なども得て健康増進イベントなど、様々なイベントも開催できるようになってきました。

コロナ禍から日常を取り戻しつつある中、さらに学びの提供や高齢者との交流など、食事をするだけでなく、人生に栄養を提供できるような場に成長させたいと思っています。

■健康サポーター（いたくらん）からの情報発信

地域を健康にするためには、健康無関心層に働きかけなければいけません。「病院らしくない勉強会」の項目でも触れましたが、行動変容を起こさせない発信は、極端にいえば、病院の自己満足でしかありません。

病院は「病気になって行く場所」「口うるさい指導をする場所」とネガティブなイメージがつきまといます。そこから発信する「健診を受けましょう」「予防しましょう」ではなかなか心に届きません。

そこで、**病院の理念に共感し、情報発信を一緒に行ってくれる健康サポーター**として、「いたくらん」を任命しています。板倉病院と「クラン＝共通の目標や興味を持ち、協力し合うメンバーの集まり」をかけて命名しました。ちなみにマスコットキャラは、いたずら好きな「いたくラッコ」です。

皆さんは初めて自分の名刺を持った時に、どう思ったでしょうか。「この会社・組織の一員」と思ったのではないでしょうか。

子どもの貧困を想起させないように配慮し、
板倉病院では「子ども食堂」の言葉を使わず
「ごはんLABO」と呼んでいる。

「いたくらん」には「健康サポーター」と入った、病院職員と同じデザインの「名刺」を作っています。ほんの少しの仕掛けですが、我々と同じ名刺を持つと、「地域を健康にする、病院の仲間」という自覚が醸成されるのではないかと思っています。

さらに、裏面はその方を紹介できるような写真や言葉を載せるようにしています。野球が好きな八百屋さんであれば、野菜の写真と野球場の写真とか、元消防の人なら消火器の写真など、名刺を渡すだけでなく、話題のきっかけになるような工夫をしています。

ちょっとした会話の種として見せたくなる名刺を持っていただくことで、「こんなこともやっている」と紹介してもらえば、病院を身近に感じてもらえるかもしれません。

病院から言われるのではなく、安心できる友人や行きつけのお店の人から健康の啓蒙をしてもらえれば、「そうだな、気をつけなくちゃ」とか「健診を受けよう」「家族は受けているかな?」と行動につながり、地域全体が少しずつ健康になっていくと思います。

病院から発信する努力は継続しつつも、行動変容を起こさせてくれるような地域の「熱狂的なファン」を増やすことが重要なのです。

地域住民の方を選定して
「健康サポーター（いたくらん）」を任命。
名刺を作り、病院の仲間意識を醸成する
小さな取り組みから、病院のファン化を目指す。

この「いたくらん」には、誰でもなれるわけではありません。職員たちの（厳正な？）審査を経て選んでいます。任命されたからといって、病院活動への参加義務などはありません。月に2回、SNSを通じて「ちょっと早めの病院情報（感染症の動向やワクチンの状況など）、健診情報」「病院のイベント情報」などを受け取ることができます。

他の人がまだ知らない情報を先に知ることができるのは、ちょっと嬉しいと思いますし、周囲へ啓蒙しようという気持ちにさせるのではないかと思っています。

こうした取り組みを通して、**普段から病院の仲間になってもらう**ことが大切です。日々の丁寧な信頼関係なしに、病院を支えてくれるサポーターは作れません。

■副産物としての「クレーム減少」

昨今、ペイシェントハラスメント、カスタマーハラスメントなどが問題になってきています。病院は女性職員も多いので、職員の心理的安全性を守ることは非常に重要です。

我々は不当なハラスメントに対しては、毅然と対応する方針（日本で最初に患者を訴える病院になろうと言っています）ですが、そのような状況を引き起こさない努力も大切です。

船橋市はもともと漁師町で、中央・地方の競馬場があったり、オートレース発祥の地であったりと、怒ってなくてもきつい言い方の人が多めの地域です。

さらに、病院は「体調が悪い時＝機嫌が悪い時に行く」「病気が心配で不安」「具合悪いのに待たされる」「自分の期待と医者の説明が違う」場所です。

つまり、調子が悪くて不安なのに、待たされた上に難しい説明をされるということで、どんなに穏やかな人でも機嫌が悪くなってしまう場所なのです。ましてや、それが「はじめて」受診する病院であったら、そのストレスは倍増するのではないでしょうか。

大切なのは、そのストレスを少しでも解消し、安心できるように努力をすることなのです。

皆さんが行きつけの大好きな定食屋さんに行く場面を想像してください。

ランチタイムで混んでいて、注文してもなかなか出てきません。しかも、ちょっと盛り付けが崩れていたとしましょう。

初めて行った店なら、「なんだ、この店は」と思ってしまって料理をまずく感じたり、店員さんに不機嫌な態度をとったりしてしまうかもしれません。だけど、行きつけのお気に入りの店なら「今日はすごく混んでいて、忙しそうだから仕方ないな、むしろ、あんなに忙しくて大将無理しないでね」と思うのではないでしょうか。

相手からどう思われるかは、関係性ができているかということです。

もちろん、常に快適にベストを尽くすことを目指すのは当然ですが、病院もそう思ってもらえるようにならないかと考えました。


この章で紹介した様々な取り組みは、健康な時から病院になじんでもらうことを目標にしています。

病院との関係性ができていれば、体調が悪くて病院を受診した際でも「いつも外来混んでいて忙しそうだな、でも職員さんはこの前、話したことがある、いい人だったな」となるかもしれません。

ご本人の不安も多少軽減されて、穏やかな気持ちで診察に臨めるのではないでしょうか。

「おらがまちの病院」と板倉病院のことを思ってくれる人が少しずつ増えてきてくれている実感もあります。窓口で早く診察してほしいと言っている患者さんに、職員に代わって、待っている他の患者さんが注意してくれたこともありました。

その結果として、いわゆるクレームは圧倒的に減少しましたし、病院自体がそのような風土になった影響なのか、少し問題のある患者さん自体が来なくなりました。

企画を発想できる職員の成長

地域の取り組みを始めたばかりの頃は、私が企画した風変わりな取り組みに対し、職員の戸惑いも多かったと思います。

見たこともない企画を、ゼロイチで作っていく作業はストレスも多いですし、ましてや病院でやるべきことなのかという疑問もありました。

地域を健康にする、病院のファンを増やすための取り組みに対する趣旨の理解と共感が進み、参加者の反響を受ける中で、職員の柔軟性も増してきました。そして今では、多くの企画を職員発信で行っています。

風変わりなことを行い、一瞬だけ話題になる〝打ち上げ花火〟では、地域とのつながりは生まれません。

自分たちの到着したい未来を想像し、その実現ツールの一つとして〝変わった企画〟を活用する、この順番が大事です。

板倉病院では様々な層の人たちに向けて、あの手この手で病院を知ってもらう働きかけを行なっています。その地道な取り組みが、地域にファンを生み、住む人が幸せに暮らせる未来が拓けてくるのです。

地域をデザインするためには、結果を焦らずに、多くの種をまくことが大切です。本書を読んだことをきっかけに、全国の病院から様々な花が咲くことに期待しています。

コラム⑥

やりたいことを言葉にする

ほとんどの人は「やりたいこと」を口に出しませんが、僕は意識して、積極的にやりたいことを口にするようにしています。

「老健施設と保育園の一体となったコミュニティカフェを作りたい」
「アクアポニックスで野菜と魚を育ててみたい」
「医療法人なのに地域デザインでグッドデザイン賞をとってみたい」

言葉にすることは、やりたいことを具体的かつ実現可能な目標に変える第一歩です。まず、自分の思いや目標を言葉にすることで、それが具体的な形を持ち、他の人にも伝わりやすくなります。

このコミュニケーションが、協力やサポートを得るための大きなキーとなります。人を紹介していただいたり、自分以上にやる気になってくれる職員が登場したりします。

さらに、言葉にすることで具体的な行動へのステップも見つけやすくなります。

目標が抽象的なままでは、どのように実現していくべきかが見えにくいことがありますが、言葉にすることでそれを整理し、計画を立てやすくなります。

やりたいことを言葉にすることは、未来を語ることでもあります。その魅力に多くの人が集まります。

簡単な言葉でも構いません。大切なのは、自分の思いを言葉にし、それを共有することで、実現への一歩を踏み出すことです。

コラム⑦ 高齢者は貴重な活躍人材

高齢化社会に向けて、健康寿命の延伸が重要と言われます。

医療業界は公定価格であるので、給与水準は高くありませんが、地域の人を幸せにできるという付加価値があります。子育てが一段落したシニア世代が、お孫さんに誇れる仕事として医療業界は向いていると思います。

シニアの方々は豊富な人生経験や、人間関係構築のスキルを有しており、患者さんや同僚と円滑なコミュニケーションをとることができます。

もし皆さんが、施設に見学に行った時に、「そうですよね、自分の母の時も同じように悩みましたよ」などと声をかけられたら、安心感が違うのではないでしょうか。

また、過去の仕事で培った問題解決能力や冷静な対応力も、不測の事態への対応において非常に有益です。

医療・介護は多職種の専門職が働く場でありますが、その間を取り持つ潤滑油のような役割もできると思いますし、「門前の小僧習わぬ経を読む」のごとく、すぐにコツをつかんでサポートまでできてしまうのではないかと思います。

つまり、医療業界においてはシニアの年齢はデメリットでなく、むしろ、深い経験と柔軟性を兼ね備え、安定感と質の高いサービス提供に貢献できる強みになると思います。

ぜひ、セカンドライフを我々と共に地域の健康づくりで輝かせたい方は、いつでも相談ください。

病院が地域をデザインする③

職員への取り組み

職員と
その家族までを

愛する

職員が安心して働ける環境の提供だけでなく、
家族に接するように成長を応援します。

板倉病院では職員が働きやすい環境の創造にも積極的に取り組んでいます。

「病院から地域をデザインする」というテーマを実現するには、まず職員が幸せであることが何よりも重要です。自分自身が心身ともに元気であればこそ、患者さんや周囲の人にも優しく接することができます。

私たちは3つの視点で職員への取り組みを行っています。その取り組みについて、それぞれ説明していきます。

①業務効率化のためのDXを推進
②ワークライフバランスの充実・心理的安全性の保障
③人材育成・地域ブランドとしてのプライドの醸成

業務効率化のためのDX推進

今、世の中ではICTとDXという言葉が先行していますが、正しく理解されずに流行りとして使われている印象があります。

本来、ICT（Information and Communication Technology）は情報伝達技術であり、DX（Digital Transformation）はデータやデジタル技術を活用して生活や仕事のあり方を改革することです。

つまり、ICTを利用してDXを実現する必要があるということです。

堅苦しくなりましたが、**組織のトップが一方通行でICT化を図っても、現場の業務改善につながらなければ、DXは達成できません。**ICTはゴールではなく、現場のニーズを把握し、活用してはじめて働き方改革＝DXにつながります。

また、ＩＣＴ促進にはコストがかかります。中小病院が自己資金で医療ＤＸを進めるには、必ず工夫が必要になります。そんな背景を踏まえて、私たちの取り組みを紹介します。

■病院専用スマートフォン

ＰＨＳの停波にともない、２０２０年より全国に先駆けて、病院専用スマートフォン「メドコム（旧日病モバイル）」を導入しました。スマートフォンの導入により、多くの業務改善が達成できました。実は本章の①「地域に屋根のない総合病院をつくる」のところで述べた医療用スマホがこれに当たります。

病院は個人情報を多く扱っている場所です。一般的なＳＮＳツールを使って個人端末で情報共有されている方も多いと思いますが、万が一でも、情報漏出などが起こることは許されるものではありません。

ＶＰＮを用いたクローズドな環境でチャットや、写真画像のやり取りができ、病院の求めるアプリの実装ができるスマートフォンの活用は、安全に業務効率を向上します。

①チャット機能でストレスを軽減

まず、最大の特徴にチャット機能があります。

病院は多職種が協働する場所です。従来はちょっとしたことでも、電話での連絡を行っていました。かける側は相手の状況に配慮しなければならず、受け手も不意に業務を中断されて、双方にストレスが多いという問題がありました。

自分の経験上でも、手術中に急ぎでない病棟からの電話はイラっとしたものです（電話したナースは悪くないのに）。そのため、緊急ではない連絡をチャットに置き換えることで、ストレスの軽減が図れました。

②「1人対複数人」に伝達できる

また、チャットで共有することで、電話のように1対1の伝達でなく、複数に同時に伝達できます。記録も残るので言った言わないも発生しません。

実は、電話での情報伝達は、発信側は自分の現在の状況下で散文で情報を伝えます。そのため、受け手は相手の状況や背景を会話しながら想像し、かつ返答するという労力があります。チャットにより、発信側が一度自分の中で要点をまとめられるというメリットもありました。これにより受け手のストレスも軽減されます。

さらに文字情報だけでなく、患者の皮膚の色や創《きず》の状態などがカメラ機能によって画像で共有できることも強みになっています。

③会議がスムーズに進められる

病院には多くの委員会や会議があります。会議での課題を事前にメンバーに一斉送信し、会議に集まるまでにチャット上で議論を行うことができます。既読管理もついているので、事前に資料を見ていない人もわかります。

従来の「会議に集まって、初めて書類に目を通して、課題について議論する」という行為を省略できるようになります。

チャット上で事前に協議を進め、必要な部分を会議で話す体制を整えたことで、64・3％（27／42）の会議で開催回数減を達成しました。実施が義務化されている委員会においても、会議時間の5分以上の短縮が実現できました。時間の短縮だけでなく、ポイントに時間を集中できることで、議論の質の向上が得られています。

会議の時間を省略することは、自分の業務時間の確保につながり、患者さんとの時間確保や、残業短縮にもつながります。職員満足度調査でも8割の職員がチャット利用によりコミュニケーションストレスが軽減したという結果になっています。

さらに、診療録に残すほどではないけれど、ちょっと共有したいこと、例えば「あの患者さんの息子さんはちょっとクセが強そうですよ……」など、多職種協働の現場で申し送りできるツールの開発もしています。

④病院ごとにカスタマイズできる

病院の希望に合わせたアプリを選択できることも便利です。

船橋にはネパール人やベトナム人など多くの外国人が住んでいます。多言語翻訳アプリで寄り添う姿勢は、不安な患者さんの安心につながるのではないかと思います。薬の情報アプリや、検査値の内容がわかるアプリなど、看護師や薬剤師が知りたい情報が共有できるものについては、部署ごとに希望を聞きながら導入するようにしています。

検査説明や入院時説明などもICTを活用し、画像を共有しながら行うことで、質の維持だけでなく、患者さんやご家族にとって理解しやすい説明を可能としています。

病院専用のスマートフォンを導入し、
職員同士のコミュニケーションを
より円滑に行えるようにしている。

また、医療用スマホにある緊急通報機能や録音機能も、職員の心理的安全性を担保してくれます。常に現場と対話し、必要なＩＣＴを検討していくことが大事な考え方です。

■ＡＩ問診の活用

外来初診の患者さんが、医師と対面するまでの時間のストレス軽減にＡＩ問診を取り入れています。入力データを参考にして、診察前に採血やＣＴなどの画像検査を受けていただくことができます。

患者さんとしては、放置されて待たされるのでなく、待ち時間に検査などを回ることにより、病院が対応していることを実感できます。医者としても、診察時に検査データを参考にすることが可能になり、診療の質が上がります。

さらに診察から検査に行く手間を省略できるので、患者さんの総病院滞在時間も短縮されます。それにより待合の混雑も軽減します。

初診患者さんを診る時は、医者もドキドキしています。事前に問診があり、検査データ

診察を待つ間の時間を
不安に感じさせないための取り組みとして、
外来初診の患者さんには
AI問診をスマホで行えるサービスを提供。

があることは医者のストレス軽減にもなっています。

患者さんにとっても、来院後にＡＩ問診、診察前の検査とイベントがあることで、待っているストレスが軽減し、満足度の上昇につながります。これは相乗効果として看護師や受付職員のストレス軽減、病院全体の効率化・診療単価上昇に寄与することになります。

■医療ＤＸのモデル病院を目指す

先述したように、ＩＣＴの推進はゴールではなく、活用することが大切です。そして、ＩＣＴを進めることは、費用対効果の視点を忘れてはいけません。

ただ闇雲に導入するのではなく、全体を俯瞰した予算配分を行い、期待される効果との検証が必要です（当院では駅の広告などはゼロ、人材会社利用による紹介料を減らすことで、その費用をＩＣＴ予算に回しています）。

当院は幸いに、看護師求人は充足していますが、油断せずに、さらに進化した病院を目指そうと計画しています。

医療用スマホの株式会社メドコムと２０２４年４月に協定を結び、医療機器連携、パラマウントベッドのスマートベッドとの連携を進めつつ、All connected 構想に協力します。必要／不必要なものを検証し、医療ＤＸの先進病院を目指します。

職員の意見を聞きながら、ＩＣＴを活用した安心して働ける環境を創造することは楽しいですし、自院の強みになっていくと思っています。

ほかにも、地域とのＤＸ連携も進化させていく予定です。

千葉県は全国でもワーストの医師・看護師不足地域です。診療報酬で補償されないＩＣＴ投資は、病院にとって負荷が大きいと思われがちですが、適切なＩＣＴ投資は、優秀な人材を安定して確保することを考えると、選ばれる医療機関として残るための必要な投資と考えています。

東京から30分で人口増加中の元気な船橋市にある、新しいことに積極的に取り組み、誰もが働いてみたい病院を目指しています。

ワークライフバランスの充実・心理的安全性の保障

板倉病院では**「矩《のり》をこえず」**をモットーに病院の業務を明確に決めています。「医師の働き方改革」が求められる以前より、医師の残業はほぼゼロを達成しています。

当院は急性期２次救急病院で年間約２８００台の救急車を受け入れていますが、夜間の緊急手術やオンコールはしていません。対応する手術規模や時間認識を共有し、高次医療機関と連携することで、ワークライフバランスの安定した勤務形態を維持しています。

また、外部からの職員満足度調査を行うことで、常に改善策を模索しています。

職員が安心して意見を言えるような環境整備を行い、心理的安全性も保障しようとしています。**「職員とその家族まで愛する」**を言葉だけでなく、幹部全員が強く思うことが大切です。コロナ初期のマスク不足の時には、職員と家族の分までマスクを配布していました。ともに困難に立ち向かう姿勢を持つと、自然と職員に伝わると実感しました。

その上で、**「選択できる喜び」**を提供しようと考えています。

看護師を例に挙げてみます。

大学で研修し、最初の転職先に当院を選ぶ人もいます。その時の優先度はワークよりもライフかもしれません。その状況で資格取得を勧めても、本人のニーズとマッチしません。少し落ち着いて、ワークの中に興味のあるものが生まれた時に、学べる環境を用意することが大切だと思っています。自発的に学びたくなった時に学ぶことを支援する方が双方にとって効率的です。

また、在宅療養支援病院・地域密着中小病院の特性を生かし、大学では学べないような、入院から退院後までのシームレスな連携を経験できるプログラムも検討しています。

日本は海外に比べ、医療に限らず人材投資が非常に少ない状況です。それを受けて、当院では看護師に限らず、希望者に対して「認定看護師」「病院経営管理士」「介護福祉士」

板倉病院では、資格取得やワークライフバランスを
実現した働き方の支援など、
職員のニーズに合わせた環境を整えている。

など、様々な資格取得の支援をしています。費用負担だけでなく、業務扱いで（有休を取らなくても良い）研修を受けられるようにするなど、手厚い資格取得支援を行っています。

一方で、ワークライフバランスを重視して、キャリアアップを望まない職員も存在します。大学だと資格を取ることを上に評価しがちですが、当院ではフラットに評価していきます（資格を取ると資格手当はつきます）。資格よりも、日々の自分の業務に対して誠実であるかどうかが、我々の評価ポイントになっています。

キャリアアップする自由もあれば、しない自由もある。

職場には選択肢がたくさんあった方がいいと思うので、職員の希望に沿った働き方を実現しています。

■挑戦する姿勢を評価

キャリアアップを目指すときに、資格取得できなかった場合のことが頭をよぎってしまい、躊躇してしまうことがあるかもしれません。もちろん、真剣に挑戦してもらうことは大切ですが、**挑戦する姿勢**を我々は評価しています。

真剣に勉強した内容は、患者さんや仲間への業務に反映されます。学ぶ姿勢、自分を向上させようという意識を持つことが重要です。

板倉病院では、一歩踏み出す勇気を示した職員の後押しをしたいと思っています。その延長で、転職して他の病院でスキルを積みたい、経験をしてみたいという気持ちも尊重しています。

経験してわかることは多いので、「ここはいつでもあなたの戻る家ですよ」の気持ちで、いつでも復職ＯＫと言って送り出すことにしています。

■福利厚生の充実

職員が元気に活躍できることを目指して、福利厚生に力を入れています。

医療機関としては珍しく、日本で初めてカフェテリアプランを導入しました。

この発想は、自分の大学勤務時の「使えないのに天引きされる福利厚生費」の経験がきっかけです。福利厚生を職員が平等に使えるものにしたいと採用を決めました。これは月

5000円までなら何に使ってもいいというもので、年1回清算しています。自己研鑽でも、お子さんの保育園でも、親御さんの介護でも、エステでも旅行でも構いません。この制度を導入して10年が経ちましたが、ほぼ100%の利用となっています。千葉県にはプロ野球の千葉ロッテマリーンズや、プロバスケットボールの千葉ジェッツふなばしといった球団があり、年間シートも職員に提供しています。ディズニーランドの割引券も好評です。

また、院内クラブ活動も盛んになっています。「フットサル部」「卓球部」「釣り部」「吹奏楽部」など申請があれば、病院からの補助を行っています。業務以外での交流が深まることは結果として業務の効率化にもつながります。

■ここにいたいと思える病院へ

福利厚生に力を入れるメリットに、「離職防止」があります。結婚や転居を除いて、いわゆる職場への不満による退職は、カフェテリアプランの導入や外部からの職員満足度調査を導入してからは圧倒的に減少しました。

人が転職を考えるのは、「①キャリアアップ」「②今よりも高く評価された」「③ここに居たくない」の3つに集約されると思っています。

なので、当院としては本人が①で悩み、「もっと高次で勉強したい」という希望であれば、喜んで送り出すようにしています。

②の「同条件の病院で当院より給与が良い」で転職するなら仕方ないかもしれません（近隣では同条件の病院で給与や福利厚生で負けないようにしています）。ただ、「今よりも高く評価された」は当院ではコントロールしにくい課題だと思いますが、③の「ここに居たくない」からの転職は解消できる課題だと思います。

こうした考えから、私は福利厚生を充実させたり、様々な取り組みを行ったり、ＩＣＴを進めたりすることを通して、よそに行くより、「当院にいた方が安心・楽しい」と思ってほしいと思っています。

人材が安定すれば、人材会社への紹介料の削減だけでなく、教育の手間による業務の質や効率の低下を避けることができます。

今いる職員を大事にして一人ひとりが強い組織になる方がよほどいいのです。

人材育成・地域ブランドとしてのプライドの醸成

■法人ビジョンの共有

病院も企業や学校と同じように、組織にはどんな使命があるのか、どんな理念を持って存続すべきなのかを職員に共感してもらう必要があります。船がどこに向かっているか船長が示してくれなければ、船員は不安で日々の仕事ができないと思います。ですから、まずこの医療法人が何を目指しているのかを、はっきりと職員に伝えることが大切です。

法人の経営ビジョンは、私が院長になった翌年の２０１３年から毎年改善しながら作り変えています。２０２４年度のビジョンは以下のようなものです。

①地域の人の期待に応える医療の確立（救急医療・在宅医療・予防医療の充実）
②地域包括的な医療・介護の提供（共に喜び合える医療を）
③街づくり・地域づくりを支援し、貢献する
④プロフェッショナルの進化・真化
⑤職員を人財と考え、その家族までも守る
⑥医療法人の継続性を保つ健全経営

さらに、このビジョンに向けて、５つの視点での行動計画も毎年配布しています。

①「ビジョンを理解し想像できる医療人」（学習と成長の視点）
②「究極の地域密着中小病院としての発信」（業務プロセスの視点）
③「的確な情報の活用」（質の視点）
④「地域にファンを作る」（顧客の視点）
⑤「地域包括ケアシステムの中心で継続しうる財務体制の構築」（財務の視点）

この行動計画のテーマに沿って、各部署で次年度の行動計画を立ててもらうことで、数値目標を立て、部署内で目標共有できることを目指しています。各部署からの行動計画までを製本し、全職員に配布しています。

今年度からは、各部署での行動計画に沿って職員ごとの行動目標を立ててもらい、それを評価するジョブ型人事考課に挑戦しています。

繰り返しになりますが、**病院は「多職種協働の場」であり、各職種がプロフェッショナルとして自分の業務を行い、それぞれが協力し合うことで成り立っています。**各部署が目標を明確にし、活躍するだけでなく、コミュニケーションをはかり協働しなくてはいけません。

自分の専門領域の中でキャリアを積み上げていく成長も大切ですが、ビジョンに向かって多職種で協働することを理解できる人材の育成が求められます。

また、「我々は何のために存在するのか」を自問自答してもらうようにもしています。

例えば、薬剤師であれば、薬の管理が上達するだけでなく、なぜこの病院がこの地域に必要なのか、仲間のために何ができるかという、薬剤師の枠を超えた視点を持ってほしいと思っています。

「病院に言われた通りに働く」というより、この病院をどのようにしていくかを自分のこととして捉えてほしいと思っているのです。

「地域の住民の健康を保つために、私たちは存在している」という使命を職員が理解してくれ、感謝したエピソードがあります。

コロナ禍の初期、ダイヤモンドプリンセス号をフル防護で対応していた時から、当院はコロナ患者の受け入れを開始しました。

未知のウイルスで職員を危険にさらす可能性がある中で、当院の規模で受け入れをするか葛藤していた時、「地域の人たちの命を守ることは、この病院の使命だから受け入れていきましょう」という声が、職員の方から出てきたのです。

部署を超えて使命感を持って対応をしてくれる職員を見て、私は感謝と共に、絶対に職員を守るという思いを新たにしたことを覚えています。

■リーダー育成のための研修

当院では病院としては珍しく、「リーダー研修」「プレリーダー研修」を始めました。

リーダーと将来のリーダーに対して、自己推薦文を書いて参加してもらっています。日本の将来推計、自地域の未来などを学んだ後に、自由な発想で「当院でやってみたいこと」を職種ミックスしたグループに議論してもらいました。各研修を2月ごとに開催し、業務の合間に課題に向き合ってもらいました。

参加者は大変だったと思いますが、回を重ねるにつれて、研修に参加する表情が豊かになったことをうれしく思っています。

リーダー研修では、主任クラスの参加者が将来の当院について認識を共有してくれているることを力強く思いました。プレリーダー研修では、これから主任クラスになっていくことを期待する職員が参加し、病院の将来を自分事として初めて向き合う時間となりました。自由な発想も多く、普段の仕事ではわからない個性なども見られて、この中から将来の人材が育っていくことにワクワクしています。

現在は1年かけて出てきたアイデアに対して、検討を重ね、形にしていく作業に入っています。なかなか直接実現困難な企画もありますが、自分事として捉えて実行してみることに価値があると思っています。

■地域ブランドとしてのプライドの醸成

地域における認知度、信頼性を上げるための活動にも力を入れています。

小学6年生の社会科の副読本『発見たんけん千葉県』では、職業紹介として一業種一社が取り上げられていて、病院の職業紹介として当院が登場しています。また、NHKの番組取材なども積極的に受けています。教科書やNHKの信頼度は高いので、地域の方だけでなく、職員やご家族にとっても喜びにつながっています。

また、「病院が行う地域デザイン」や「医療DXで進める働き方改革」などで講演依頼をいただくことも多くあり、私だけでなく職員にもメディアに出てもらうようにしています。それにより、病院に見学に来られる方も増えてきました。

こうしたことが、なぜ職員のためになるかというと、メディアで紹介されることは、第三者から取り組みを認められている、あるいは評価されていると思えるからです。

メディアに登場すれば本人も嬉しいでしょうし、子どもも「お母さんが勤めている病院が出ている」と思えると誇らしいはずです。

メディアへの出演は、職員の病院へのロイヤリティを高めることにもつながっているのです。

積極的にメディアに露出することで、
病院への見学者も堅実に増えてきている。

コラム⑧ まずは実行してみる

当院の取り組みの多くは、どこかで聞いたこと、すでに思いついていたこともあると思います。その中で、我々の最大の強みは実行するフットワークの軽さです。

皆さんであれば、必要な情報を集め、行動計画を立て、スタンバイするまではすぐにできると思います。しかし、実行しなければ、誰にも伝わりません。足元を振り返ってみると、優秀だけど実行できない職員が思い当たるのではないでしょうか。

多少（？）危うくても、実行力のある職員は輝いていますし、成長していきます。非合理的だったり、スマートでなかったりしても、何よりも「実行する」ことが重要です。

もちろん、計画を行動に移すことは一人よがりではできないので、プレゼンテーションはしてもらわなければいけません。

安全性や平等性、公共性などはクリアしなければいけませんが、「なんかいい感じ」と思えたら、そこからゴーサインを出すときのハードルはなるべく低めにして、任せてやらせてみることをおすすめします。何回か企画を経験すると、精度も上がってきますし、自分事として楽しく企画を実行してくれます。

実行した上で、様々な意見を取り入れて改良してもいいですし、場合によっては中止してもいいのです。失敗ではなく、うまくいかない実験の成功と思えばいいだけです。

「実行してみる」ことこそが夢への最初の一歩であり、成長と学びをもたらします。

コラム⑨ タスクシフト・タスクシェア

「医師の働き方改革」が進むにつれて、「タスクシフト・タスクシェア」という言葉をよく聞くようになりました。簡単に言えば、一人に業務が集中しないように、業務を分担することで過重労働を減らすための取り組みです。

「タスクシフト・タスクシェア」が進み、各人の業務拡大がはかれることや、スキルが向上することは賛成ですし、ますます求められていくと思います。

しかし、「タスクシフト・タスクシェア」という言葉が言われる前から、お互いさまの気持ちで手伝う文化があったことは忘れてはいけません。

双方の尊敬と感謝に基づいた助け合う文化が制度的に認められて「タスクシフト・タスクシェア」に至っているのです。業務の移行だけが先行してしまうと、仕事の押し付け合いや分断を起こしてしまいます。

効果的な「タスクシフト・タスクシェア」を進めるためには、双方の敬意と感謝、良好なコミュニケーションが不可欠です。

第4章

弘仁会のめざす未来

ビジョナリーカンパニーへ成長する

地域に根差した高品質な医療を継続するという使命、「**究極の地域医療をめざして**」を実現するために、次の順番を間違うことなく医療法人を継続することを職員と共有しています。

地域に根差した、高品質な医療を継続するために
～ビジョナリーカンパニーをめざして～
① **まず**　「市民の健康を支えるために存在する」
② **次に**　「職員とその家族を幸せにする」
③ **最後に**　「法人が存続するための収益を上げる」

この理念のもと、法人運営を行っていきます。もしも、この優先順を間違えて運営するようなことがあれば、その時は遠慮なく指摘し、その忠告に耳を貸さないようであれば、その時は法人から脱出するようにと伝えています。

当院は持分なし医療法人に移行したこともあり、オーナーシップを超えて、より公的使命を意識したビジョナリーカンパニーを目指しています。こうした理念やビジョンの浸透、共有は一朝一夕には成し得ないので、不断に継続していくことがとても大切です。

職員の心に届いて、納得と共感を得られなければ、達成できません。ビジョンを共有できる職員が増えてきているおかげで、法人内に文化として定着してきました。個に依存せず、法人文化となってきたことで、私も少し肩の荷が降りてほっとしています。

病院改革の次は、法人内の各事業所の進化と地域デザインを進めていきます。

第４章では、今、我々が始めている取り組みを紹介します。

安心して働ける訪問看護ステーション

在宅医療のニーズの高まりに合わせて、訪問看護の重要性も増しています。むしろ、在宅医療の主役は訪問看護師であると言っても過言ではありません。

オンライン診療をイメージしていただくとして、医師 to 患者でやり取りしても、なかなか患者さんの情報は伝わらないかもしれません。

これが「医師 to 患者 with 看護師」となったらどうでしょうか。

医師は多くの情報を受け取ることができ、適切な判断が下せると思います。特定・認定看護師など看護師さんの資格によっては処置ができる可能性もあります。

つまり、訪問看護師に活躍していただかないと、地域の健康維持が困難になるということです。

訪問看護の注目度は増しており、新卒看護師でも希望する人も増えてきています。しかし、夜間オンコールや個にかかる負担が大きいこともあり、離職も多い分野となってしまっています。

確かに、20代の女性が、夜間に個人宅を一人で訪問するのはストレスであると想像しますし、職員の安全も心配です。そこで我々は、

「夜間に緊急往診しなくてもいい訪問看護ステーション」

を作りました。

基本的に、看護師は医師の指示があって初めて処置行為ができます。そのため、夜間往診しても指示以上のことはできず、主治医に連絡するか、受け入れ病院を調整することになります。この問題を法人の強みを生かして解決することにしました。

夜間オンコールは対応いただき、医療が必要な場合は、板倉病院で１００％受け入れをする仕組みを作りました。看護師は夜間に出かける必要はなく、患者さんも速やかに処置にアクセスできます。

こうすることで、訪問看護ステーションの売り上げは下がりますが、職員と患者さん双方が安心できる体制を作ることを優先しました。もちろん、訪問を禁止しているわけではないので、本人の意思で訪問することもできます。

また、訪問看護ステーションもＩＣＴ活用により、自宅から直行直帰できるような体制も整えています。お子さんを保育園に預けてから、数件訪問し、そのままお迎えに行けるようにしました。看護師のせっかくの技術を潜在化させないためにも、職員のライフスタイルに合わせた勤務体制を整えることも重要だと思います。

わずかな時間でも現場の感覚を持っておいて、子どもの成長に応じて勤務体系を柔軟に対応できるようにすることが、将来の人材確保にもつながります。

「行きたくなるデイサービス」をつくる

皆さんは「デイサービス」と聞くとどのような印象を持つでしょうか。

介護申請をした人が日帰りで過ごす施設で、食事が出てお風呂に入って昼間の時間帯を過ごせる施設です。みんなで歌を歌ったり、体操や塗り絵をしたりするイメージがあるかもしれません。

しかし、個性豊かな高齢者が増えている中で、自分だったらデイサービスに行きたいと思うでしょうか？　外来で「家族に迷惑かけられないから仕方なく行く」という話を聞いた時に、これをなんとかしようと思いました。

全国には「行きたくなるデイサービス」と同じような思いで、楽しい場づくりをされているところも増えてきています。

我々は、保育園が併設していることと、広い庭を利用して、ガーデニングと家庭菜園を始めました。園児と一緒に野菜を育てたり、ひまわりなどの花やハーブを育てたりしています。水をやったり、雑草を抜いたり、収穫体験をしたりするときには主体的に体を動かすので、身体的にも良い影響があります。

嫌々行くのではなく、動機を持って参加し、役に立っていると実感することで、社会とつながっている感覚を維持できるようになります。 その結果、まだ活躍できると思えることで人としての尊厳を保っていただけます。昨今は子どもたちが高齢者と触れ合う機会が減っているので、保育園児や保護者の皆さんにも好評です。

軽い要介護レベルの人たちではあるけれど、介助が必要な場面もあるので、園児はガーデニングや家庭菜園で高齢者の手伝いをすることで優しい気持ちを育んでくれています。

老健施設、複合施設（デイサービス、デイケア、訪問看護など）、保育園と地域の住民の皆さんと秋祭りなど（猛暑が続くため秋祭りになりました）、世代を超えて交流できる場を提供しています。

今後もデイサービスでは、さらに面白い取り組みをどんどん取り入れていく予定です。

わくわくする老健施設

２０２４年10月に新しい老健施設が竣工します。老健施設とは、３か月ぐらいでの在宅復帰を目指し、リハビリ中心に生活する施設です。超強化型施設として充実したリハビリを提供し、４割近い在宅復帰率を達成しています。高齢者も多様化し、いわゆる「施設」には抵抗がある人も増えてきました。そこで、**新施設建築にあたり、入所者さん、職員双方が快適であること**を目指しました。

いかにも老健の施設という作りではなく、各所に広いスペースを確保することで、音楽会やアート展など様々な企画ができるようにしています。災害時には福祉避難所として機能できるような工夫もしています。

また、職員が快適に働ける視点も大切です。

今後、介護人材の確保が困難になることが予想される中で、少しでも安心して勤務できるように看護単位を集約し介護しやすい設計としました。さらに、夜間の巡視業務の軽減などを目指し、心拍や睡眠状態を把握できる「眠りスキャン」の導入など、ICTによる管理も進めています。

旧建物の解体後、敷地全体をデイサービスや保育園などと一体となった地域コミュニティの場となっていくことを構想しています。

地域に開放するカフェや、デイサービスの利用者が店番をする駄菓子屋さん、水耕栽培と魚の養殖を組み合わせた持続可能な農業の一形態である「アクアポニックス」なども検討しています。

特に駄菓子屋さんは、認知症がある方に店番をしてもらい、社会との接続性や活躍できることを感じてもらいながら、子どもの教育として、「万引きしたチョコより、お金を払って食べたチョコの方が美味しい」を感じてもらえる場所にできないか、と考えています。

このように、「あそこの施設に行ってみたい！」と思える場所になるよう職員とともにアイデアを出していくつもりです。

地域とともに地域デザインというアートを楽しむ

前述したような、地域に向けた様々な取り組みを伝える作戦として、地元の高校生と一緒に「コミュニティ新聞」を作ることも検討しています。

情報過多の今は、タウン誌やフリーペーパーなどを一瞥して捨ててしまうことがあるのではないでしょうか。病院の広報誌も同様だと思います。そこで、**読んでもらえて、捨てられにくい広報誌**が作れないかと考えました。

高校の商業科のワークとして「コミュニティ新聞」のような形で、施設からの地域への取り組みや発展の経過を、高校生の成果物として発刊することを検討しています。

この取り組みは、武蔵野美術大学の若杉浩一教授が取り組む地域デザインの勉強会に参加させていただいた際に、学生がフィールドワークで作られている地方コミュニティ新聞のクオリティの高さに感動したのがきっかけでした。

医療法人からの発信ではなく、高校生がその視点で地域に取材したり、企画について説明したりすることで、読みたい広報誌が実現するのではないかと思います。

自分の子どもやお孫さんが書いたものであれば、じっくり読んでいただけると思いますし、捨てないでとっておいてもらえるのではないでしょうか。

こうした地道な活動を通して、少しずつでも、確実に、我々の目指していることが地域に浸透していくことに期待しています。高校生なりの表現で地域デザインを発信してもらうのも楽しみですし、継続的な発信によって、もしかすると「10年前の先輩の時はまだこの企画はなかったのか」のように、地域と一緒に成長することができると思います。自分の育てた施設であれば、ご家族の入所なども安心なのではないでしょうか。

病院は駅から5分の立地のため、スペースの点で自由が効きにくいですが、施設は病院とは少し離れた場所にあるので、じっくり「街づくり」「コミュニティづくり」ができると思います。

病院は病院の、施設は施設の地域デザインをしていきたいのです。

病院の価値観を超えていく

時代やニーズに合わせて変わっていくときには、既存の価値観はいったん脇に置いておき、ときにはそれを超えていくことが求められます。

「○○とはこういうもの」という話になるとき、病院ほどその枠組みが狭いものはないのではないでしょうか。市民にしてもそうだし、病院で働く職員もそうした既成概念をきっちり持っているものだと思います。

しかし、その枠内に収まっていては柔軟な発想はできませんし、変わり続ける外部環境に適応することも難しいでしょう。

外部環境の変化に対応できるものだけが生き残ることができます。そのためにも、常に病院自ら変化し続ける必要があります。

真面目な日本人は、既存の価値観に沿った行動は得意ですが、自分自身が変化して、社会から持たれているイメージから脱して既存の価値観を超えていくのは得意ではありません。しかし、できないわけではなく、そうした発想に慣れていないだけです。

実際、最初は私の発想に面食らっていた職員たちも、自分たちで自ら考えて今では次々に病院の既成概念を超えていっています。

さらに、自分たちがいいと思うものを一方的に発信するのではなく、地域の共感と理解を得なければなりません。病院には、地域ニーズをしっかり受け取って、ニーズに合致する質と量を提供することが求められます。

医療法人は非営利な活動であり、医療法など様々な制限があります。

しかし、**制限があるからこそ、人はクリエイティブになれます。**

地域で活動する点においては、病院にできることはまだまだたくさんあるはずです。

私たちはこれからも地域に必要とされる存在であり続けられるように、既存の価値観を超えた病院を目指していきます。本書でお伝えしてきた病院の考え方に共感してくださる仲間が、1人でも増えることを願っています。

おわりに

超高齢化社会、労働人口の減少に伴い、日本のGDPは低下することが予想されます。さらにゆとり世代、Z世代の仕事への価値観は大きく変わりました。これにより、労働人口の低下に加えて、一人当たりの就業意欲の低下により、さらなるGDPの低下が起きてくると思われます。

こうして考えていくと、国民医療費の上昇は期待できません。人件費、光熱費などの上昇に対応しながら、質の高い医療法人を経営することは非常に苦しく、すでに9割の病院が赤字経営となっているとも言われます。また、診療報酬改定では算定要件に専門職の配置を求められるものも多くあります。

しっかりと人材を配置し、算定要件を満たすことで、かろうじて経営が維持できるような想定での診療報酬となっていますが、配置する思いはあっても人材がいなければ不可能です。

他の産業が緩和に向かう中、働き方改革を含め、人的要件を厳しくすると医療業界の維持は難しいかもしれません。多くの病院経営者は使命感を持って地域医療を行っていますが、日本全体を見回すと病院経営は厳しい局面を迎えています。

「医療・介護・福祉」の分野には、就業人口の1割以上が必要になると試算されていることを考えると、これらの分野は税金を使う悪者とせずに、一つの産業と位置付けて積極的に就業したい職業に転換してほしいと思っています。

2024年の診療報酬改定は実質、病院職員の賃金上昇分のプラス改定となっていますが、外資スーパーのパート時給と比較されたら、太刀打ちできないものです。

こうした将来を考えると暗い気持ちになってしまう状況ですが、その中でも日々勉強し、日本や地域のことを真剣に考えている諸先輩方の姿に、私も勇気をいただきました。

日本病院会会長の相澤孝夫先生、日本在宅療養支援病院連絡協議会会長の鈴木邦彦先生、東京青年医会の諸先生方、医療介護未来創成会議の諸先生方には、広い心を持ち、ビジョンと使命感をもって経営をすることの大切さを教えていただきました。

船橋市医師会の先生方や船橋市行政の皆さんには、地域で行う活動への理解と協力をいただき感謝申し上げます。

最高のコンテンツプロデューサー高瀬敦也氏、愛生館グループ代表小林清彦氏、病院マーケティングサミットＪＡＰＡＮ竹田陽介先生、武蔵野美術大学若杉浩一教授、無償の助けをしてくれる麻布高校の同級生には、医療に捉われない人脈や刺激をたくさんいただきました。

そして、法人を支えてくれる全職員にも感謝申し上げます。

最後に、諸先輩方との縁を作ってくれた父・梶原優と、安定した法人運営を整えようという原動力になった二人の最愛の息子、悠太郎と啓太郎に感謝します。

二人の息子が広い視野を持ち、自由に活躍できることを祈っています。

板倉病院公式キャラクター
いたくラッコ

［著者略歴］

梶原崇弘（かじわら・たかひろ）

医学博士／医療法人弘仁会 理事長／医療法人弘仁会 板倉病院 院長／日本大学医学部消化器外科 臨床准教授／日本在宅療養支援病院連絡協議会 副会長
1973年千葉県船橋市に生まれる。麻布高等学校卒業後、日本大学医学部医学科入学。
医学部卒業後は肝胆膵・消化器外科医として、高次医療機関にてがん領域を専門に研鑽を行っていた。がん研究センター中央病院肝胆膵外科、日本大学附属板橋病院消化器外科副医局長を経て、2011年、実家である板倉病院院長就任をきっかけに、地域密着中小病院の在り方や実現可能な地域包括ケアシステムの構築に軸を移し、安心して過ごせる地域医療を目指している。趣味は料理・ゴルフ・読書。

病院《びょういん》が地域《ちいき》をデザインする

2024年6月21日　初版発行

著　者　梶原崇弘

発行者　小早川幸一郎

発　行　株式会社クロスメディア・パブリッシング
〒151-0051 東京都渋谷区千駄ヶ谷4-20-3 東栄神宮外苑ビル
https://www.cm-publishing.co.jp
◎本の内容に関するお問い合わせ先：TEL（03）5413-3140／FAX（03）5413-3141

発　売　株式会社インプレス
〒101-0051 東京都千代田区神田神保町一丁目105番地
◎乱丁本・落丁本などのお問い合わせ先：FAX（03）6837-5023
service@impress.co.jp
※古書店で購入されたものについてはお取り替えできません

印刷・製本　株式会社シナノ

　ISBN978-4-295-40986-1　C2034